Ursula Ott

Gezwisterliebe

Vom Streiten,
Auseinandersetzen und
Versöhnen

btb

Der Verlag behält sich die Verwertung der urheberrechtlich geschützten Inhalte dieses Werkes für Zwecke des Text- und Data-Minings nach § 44 b UrhG ausdrücklich vor. Jegliche unbefugte Nutzung ist hiermit ausgeschlossen.

Aus Gründen des Datenschutzes und der Diskretion wurden zahlreiche Personen- und Ortsnamen in diesem Buch von der Autorin konsequent verfremdet, um Rückschlüsse auf die familiäre Situation der Gesprächspartner zu verhindern. Die Geschichten, die in diesem Buch erzählt werden, dienen der Anschaulichkeit und sollen in erster Linie den Leserinnen und Lesern das Gefühl vermitteln, mit ihrer jeweiligen Situation nicht allein zu sein. Ähnlichkeiten mit realen Personen oder deren Geschwistern sind nicht beabsichtigt.

Penguin Random House Verlagsgruppe FSC® N001967

1. Auflage
Originalausgabe September 2024
Copyright © 2024 btb Verlag
in der Penguin Random House Verlagsgruppe GmbH,
Neumarkter Str. 28, 81673 München
Covergestaltung: semper smile, München
Covermotiv: © Getty Images/Peter Dazeley
Satz: Uhl + Massopust, Aalen
Druck und Einband: GGP Media GmbH, Pößneck
JT · Herstellung: BB
Printed in Germany
ISBN 978-3-442-77454-8

www.btb-verlag.de
www.facebook.com/penguinbuecher

Inhalt

Warum ich dieses Buch schreibe   9

Schule des Lebens   18
Warum es sich lohnt, über seine Brüder und Schwestern nachzudenken. Und warum viele von uns sich nach dem großen »Wir« sehnen

Freiheit, Gleichheit – und war da nicht noch was?   30
Warum das Thema Geschwister lange vernachlässigt wurde und erst allmählich die Aufmerksamkeit bekommt, die es verdient

Der Mythos vom Streber und der Rebellin   37
Warum die Theorien über die Geschwisterreihung inzwischen widerlegt sind – und was die Forschung wirklich weiß

Wo ist dein Bruder Abel?   52
Wie Kain, Abel und Aschenputtel in unserem kollektiven Gedächtnis wohnen. Auf der ganzen Welt prägen uns Geschwister aus Bibel, Koran und der Märchenwelt

Jetzt ist die Zeit   59
Warum wir Babyboomer jetzt wieder so viel mit unseren Geschwistern zu tun haben. Und warum wir das unbedingt nutzen sollten

»Wenn der hier an die Tür klopft, drehe ich den Schlüssel zweimal rum.«   69
So zerstritten können Geschwister sein

»Ich wünsche, er stürzt mit dem Flugzeug ab.«   75
Wie eine Bruderliebe ins krasse Gegenteil umschlagen kann – und jetzt alle nur noch von Ex-Brüdern sprechen

Das ganz normale Familientheater   87
Warum die große Tragödie zum Glück selten aufgeführt wird – aber doch recht häufig das kleine Drama

Kriegskinder, kalte Elternhäuser und Knaus-Ogino   93
Die Zeit unserer Kindheit – was war da los in der Welt und was hat das mit unserer Geschwisterbeziehung zu tun?

»Und was hat dir das Wühlen in der Familiengeschichte gebracht?«   103
Wie das Kriegserbe bis heute Zwist unter Geschwistern schafft – und wie man trotzdem in Kontakt bleiben kann

»Deine Schwester kann aber bis Strophe sieben.« 108
Warum wir als Geschwister so viel verglichen wurden. Und was »typisch Mama« und »typisch Papa« war

»Warum hast du nicht mit mir geredet?« 112
Wie man sich trotz einer lieblosen Kindheit in der DDR später im Leben zu einer starken Persönlichkeit entwickeln kann

Von Kartonwänden und Kofferwohnungen 121
Wer aus der Türkei eingewandert ist oder aus Syrien geflohen ist, ist selten Einzelkind. Von der Geschwisterrolle bei Flucht und Migration

»Der hat als großer Bruder versagt!« 126
Wie die Kinder in einer Gastarbeiterfamilie streiten. Ums Elternhaus – oder doch eher: Um Wurzeln und Flügel?

»Wir sollten uns mal zusammensetzen!« 135
Du bringst den Römertopf mit, ich die Fotoalben. Wie man ein Geschwistertreffen angehen kann

»Wir haben uns in der Mitte unserer Unsicherheiten getroffen.« 145
Wie ein Bundeswehroffizier und ein Friedensaktivist wieder zueinanderfanden – und welche Rolle der kleine Bruder dabei spielte

Der Mythos von der absoluten Gerechtigkeit   152
Warum alle Eltern darauf pochen, Geschwister genau gleich zu behandeln. Und warum das gar nicht möglich ist

Gerecht vererben und gerecht erben   155
Was der Unterschied zwischen »Equity« und »Equality« ist. Besuch beim Sozialpsychologen Kai J. Jonas

»Und dann haben wir uns helfen lassen.«   164
Wie drei Schwestern das Lebenswerk der Mutter retten wollen – und sich dabei total übernehmen. Sie haben verstanden: Das schaffen wir nicht alleine

Streiten, Auseinandersetzen und Versöhnen   175
Wie aus Gezwisterliebe echte Geschwisterliebe werden kann

Geschwisterliebe. Versuch einer Gebrauchsanleitung   184

Dank   193

Literaturempfehlungen   199

Warum ich dieses Buch schreibe

Ein lauer Frühlingsabend in Leipzig, die erste Lesung aus meinem Buch *Das Haus meiner Eltern hat viele Räume*. In dem Buch habe ich beschrieben, wie ich mit meiner Schwester zusammen unsere alte Mutter aus dem geliebten Elternhaus in ein Betreutes Wohnprojekt umsiedele. Und wie ich dabei unsere gemeinsame Kindheit aufräume.

Heute ist Buchpremiere. Ich darf bei »Leipzig liest« am Rande der Buchmesse in einem Yogastudio auftreten und anschließend signieren. Die Reihen sind dicht besetzt. Schon mal gutes Karma zwischen den grünen Meditationskissen, denke ich. Ich hatte nicht geahnt, dass das Buch wirklich so viele Menschen interessieren würde. Ich bin aufgeregt. Zwei Frauen in Schwarz fallen mir sofort auf: Eine mit kurzen blonden Haaren, eine mit langem dunklem Zopf. Sie lassen sich nach der Lesung ein Buch signieren. Und während ich noch überlege, was ich mit meinem eigens dafür angeschafften blauen Fineliner schön ordentlich auf Seite drei schreiben könnte, sagt die Ältere von beiden: »Unsere Mutter ist letzte Woche gestorben. Und wir wollen es so machen wie Sie und Ihre Schwester, wir wollen jetzt zusammenhalten, bei allem, was kommt.« Mit meinem

Fineliner schreibe ich groß und deutlich in Schönschrift ins Buch »Ihr schafft das«. Und denke an diesem Abend: So ist es. Geschwister halten zusammen.

Ein warmes Gefühl durchströmt mich, wenn ich an meine drei Jahre ältere Schwester denke. Wie sie an meinem Bett saß und mir aus *Hanni und Nanni* vorlas, wenn ich mir – wieder mal, es kam häufiger vor, als mir lieb war – ein Bein oder einen Arm gebrochen hatte. Ich war der Tollpatsch, sie die Vernünftige. Wenn ich mit dem Stuhl gekippelt und mir den Hinterkopf aufgeschlagen hatte, tröstete sie mich, und wir flohen zur Ablenkung gemeinsam in unsere Traumwelten. Ins Internat zu den englischen Zwillingsschwestern, wo es um Mitternacht wilde Pyjamapartys gab.

Die Hanni-und-Nanni-Welt mit diesen frechen, selbstbewussten Girls hätte in keinem größeren Kontrast zu unserem strengen oberschwäbischen Elternhaus stehen können. Wenn ich mir mal wieder wehgetan hatte, gab es von meinem Vater nicht etwa tröstende Worte. Es gab einen Rüffel, was ich denn *jetzt schon wieder* angestellt hätte.

Für die Sommerferien 1973 hatten meine Eltern für uns vier einen Urlaub gebucht, eine Flusskreuzfahrt auf dem Rhein. Ich war am Tag vor der geplanten Reise beim Klettern von einem Baugerüst gefallen und ahnte: schon wieder ein Knochen kaputt. Urlaub gefährdet. Nie werde ich vergessen, wie ich am Vorabend der Abfahrt weinend vor Schmerzen auf dem

Klo saß und meine Schwester an die Tür klopfte: »Du hast was gebrochen, oder? Komm, ich sag's Papa.«

Wir fuhren dann trotzdem mit dem Kreuzfahrtschiff. Auf allen Fotos aus diesem Urlaub ist mein Riesengips zu sehen – von der Schulter bis zum Daumen. Ich hatte mir Ellbogen und Speiche gebrochen. Der vierte Knochenbruch in zehn Jahren. Neben mir auf den Rheinromantik-Fotos vor Burg Goarshausen meine um zwei Köpfe größere Schwester, die uns beiden kunstvolle Föhnfrisuren gestylt hatte. Damit der Blick vom gebrochenen Arm wegging, hin zu den beiden über die Rundbürste geföhnten und mit Mamas Haarspray fixierten Haartollen.

Als ich meiner Schwester heute davon erzähle, kann sie sich erst gar nicht erinnern, dass sie mir die Überbringung der schlechten Botschaft – Knochen gebrochen! – abgenommen hat. Aber sie sagt, sie habe mich auch bewundert damals: Ich war die, die auf Gerüste kletterte. Sie war die, die im ordentlichem Schottenkaro-Faltenrock sitzen blieb und den Eltern gefiel. Man konnte Biggi überall vorzeigen, mit mir wurde es eher peinlich für die Eltern. In meiner Strumpfhose immer Löcher am Knie. Auf der weißen Bluse immer ein Soßenfleck.

An meiner Schwester und mir könnte man die gesamte Geschwisterforschung durchexerzieren, über die in den letzten Jahren so kontrovers gestritten wird: Die Ältere ist die Angepasste, die Jüngere die Rebellin. Dass es so holzschnittartig im Leben dann aber meistens doch nicht läuft, werde ich später in diesem Buch noch anschaulich erklären.

Schwestern müssen zusammenhalten, das war mir immer klar. Als Kinder gegen die Eltern. Später als erwachsene Geschwister in der Fürsorge für die Eltern. Gerade wir Babyboomer, die wir, grob gesagt, in den 60ern und 70ern geboren wurden, sind oft bei strengen Eltern aufgewachsen, die als Kriegskinder Probleme hatten mit Wärme und Empathie. Ich kann mich zum Beispiel an ein Abendessen erinnern, bei dem meine Schwester – sie wird ungefähr fünfzehn Jahre alt gewesen sein – meinen Vater unverblümt fragte, warum er sich gegen Kriegsende freiwillig an die Front melden wollte. Eigentlich war mein Vater, geboren 1930, ein »weißer Jahrgang«. Er musste nicht in den Krieg. Aber er marschierte im April 1945 auf die Veitsburg in Ravensburg, wo die letzten verzweifelten Truppen versammelt wurden. Nur eine gehörige Tracht Prügel seines Vaters hielt ihn letztlich davon ab, als Fünfzehnjähriger sinnlos ins Feuer zu gehen. Er hatte uns oft davon erzählt, ganz so, als ob er dafür gelobt werden wollte. Und wir Töchter, inzwischen selbst in diesem Alter, konnten es einfach nicht verstehen. Freiwillig? In den Krieg?

Meine Schwester war viel mutiger als ich. Geschult von einer Generation linker Lehrer, schnitt sie beim Abendessen wieder und wieder das Thema Nationalsozialismus an. »Warum wolltest du in diesen Krieg?« Mit ihrem Geschichtslehrer hatte sie im Stadtarchiv die Nachkriegsgeschichte von Ravensburg recherchiert und Zeitzeugen interviewt. »Warum, Papa, erzählst du so begeistert von der Hitlerjugend, das waren doch keine Pfadfinder?« »Warum habt ihr nichts gemacht, als das Schaufenster von Juwelier Grünstein zerstört wurde?« ... Bis meinem Vater mit einem Mal der Geduldsfaden riss und er ihr eine schallende Ohrfeige verpasste. Ich glaube, es war das einzige Mal, dass er handgreiflich wurde. Meine Schwester ertrug es heroisch. Sie verzog keine Miene. Aber ich fing an zu weinen. Ich ertrug nicht, dass meine Schwester ungerecht behandelt wurde.

All diese Szenen schossen mir durch den Kopf, als ich die beiden schwarz gekleideten Schwestern in Leipzig vor mir sah. Das war im Mai 2019. Zwei Dinge sind danach vollkommen anders gekommen, als ich dachte. Mein Buch wurde ein viel größerer Erfolg, als ich mir hätte erträumen können. Ich verstand: Eine ganze Generation von Kriegsenkeln räumt jetzt ihre elterlichen Wohnungen auf, stöbert im Elternhaus und konfrontiert sich selbst mit Dingen aus der eigenen Kindheit. Wie schön. Was mich allerdings zunehmend verstörte: Zu meinen Lesungen kamen nicht so viele liebevolle und zusammengeschweißte Geschwister, wie es die beiden in Leipzig waren. Sondern sehr viel öfter kam eben nur *ein* Bruder, *eine* Schwester. Und erzählte mir beim Signieren von Zwist, von Streit, sogar von regelrechtem Krieg mit den Geschwistern.

Nicht wenige meiner Gegenüber hatten den Kontakt zu ihren Geschwistern sogar ganz abgebrochen.

Szenenwechsel. Ein schwülwarmer Abend in der Stadtbibliothek Essen, Sommer 2022, die letzten Gäste stehen noch bei einem Glas Weißwein am Büchertisch und ratschen. Ein Mann Anfang sechzig, der mich beim Signieren beobachtet, kommt mir bekannt vor. »Guten Abend, bitte zwei Exemplare, eines für mich und eines für meinen Bruder.« Sehr schön, gleich zwei Bücher – aber woher kenne ich den Mann?

»Das Buch hat mir jetzt schon geholfen«, sagt er. »Wissen Sie, unser Vater ist letztes Jahr – mit 88 und fit bis zum letzten Tag – vom sonntäglichen Mittagsschlaf nicht mehr aufgewacht, wie segensreich.« Aber? Aber, sagt er, da stehe nun das Elternhaus, keine 300 Meter von seinem eigenen entfernt. »Für mich war immer klar, das wird verkauft«, sagt der Mann, »aber mein Bruder in Hamburg – in Hamburg! – kann sich das überhaupt nicht vorstellen. Es soll alles so bleiben, wie es ist. Meine Frau nennt es mittlerweile *das Museum*.«

Der Mann redet sich jetzt in Fahrt. Von Kosten für die Wärmedämmung, von Schimmelbildung, Winterdienst und Lüftungsanlage. Man glaube ja gar nicht, wie schnell so ein leer stehendes Haus verfalle. »Ich führe ein mittelständisches Unternehmen mit 250 Angestellten, aber hier bin ich machtlos.« Und genau in dem Moment fällt mir ein, woher ich ihn kenne.

Er hat neulich einen wichtigen Wirtschaftspreis gewonnen, es kam in den Abendnachrichten. Ein Gründer. Ein Macher. Einer, der gewohnt ist, dass die Dinge so laufen, wie er es will. Und jetzt ist da dieser Bruder, der einfach das Haus nicht loslassen kann. Und der ihn indirekt zwingt, alle paar Tage in das Haus zu gehen, um zu lüften. »Das ist jedes Mal eine Zumutung.«

Was läuft hier für ein Spiel? Warum kann der große Bruder vom Haus nicht lassen? Wie schafft er es eigentlich, den »Kleinen« mit Hausmeisterdiensten beschäftigt zu halten? Und was ist das überhaupt für ein »Museum« der Kindheit?

Anruf bei Katharina Mosel, sie ist Fachanwältin für Erbrecht in Köln. Jede Woche hat sie Geschwister an ihrem Tisch sitzen, meist am Freitagnachmittag, weil die Streithansel für die Termine oft aus allen Ecken der Republik zusammenkommen. Mal streiten sie um ein Haus, mal geht es um ein Firmenerbe. Manchmal aber auch nur um diesen einen Ring, den die Mutter angeblich der Gabi versprochen hat, aber die Luise hätte ihn halt auch gern. Die Anwältin, die auch eine Ausbildung in Mediation hat, versucht dann herauszufinden, welche Kindheitsmuster in den Familien jetzt, nach langer Zeit, wieder hervortreten. Durfte der eine studieren, die andere »nur« eine Lehre machen? War das Nesthäkchen immer Papas Liebling, das nach dem Abi dann obendrauf auch noch den alten R4 geschenkt bekam? Und dass Sabine sich in den letzten Jahren so rührend gekümmert hat um Mutti – das war doch kein Opfer! Das hat sie doch gern gemacht, sie hat ja keine Kinder! …

Mir wird klar: Geschwister – das ist ein Riesenthema. Und es reift der Entschluss, ein eigenes Buch darüber zu schreiben. Ein Nachfolgerbuch zu dem Elternthema. Über die unterschiedlichen Räume, die Geschwister in ihren Familien bewohnen. Und über Wege, wie man es schaffen kann, gemeinsam aufzuräumen. In der Kindheit, im Leben. Ich will ein Buch schreiben, das es Geschwistern möglich macht, wirklich erwachsen zu werden. Und in Frieden miteinander zu leben.

Damit Sie wissen, was Sie in diesem Buch erwarten können, will ich einen kurzen Ausblick geben: Als Erstes schauen wir uns an, wie Geschwisterbeziehungen – meist die längsten Beziehungen in unserem Leben – uns für unser späteres Leben prägen. Und warum sie dennoch über Jahrzehnte kaum ernst genommen wurden, weder von der Psychologie – Freud lässt grüßen – noch vom Gesetzgeber. Dabei kennen wir doch alle die Märchen von Brüderlein und Schwesterlein, kennen die biblischen Geschichten vom verlorenen Sohn oder von Kain und Abel. Geschwister sind wichtig, immer! Drum trifft es auch mitten in die Magengrube, wenn wir uns im späteren Leben mit unseren Geschwistern zerstreiten.

Wir treffen Brüder, die über die Pflege der Mutter zu »Ex-Brüdern« wurden. Schwestern, die den Betrieb der Mutter weiterführen wollten und nicht aus ihren alten Kinderrollen

herauskamen. Aber auch drei Brüder, die erkannt haben: Du warst zwar immer für die Bundeswehr, ich immer für den Frieden – aber heute treffen wir uns in der Mitte unserer Unsicherheiten. Und schätzen uns als Menschen.
Um aus den alten Sandkastenspielen herauszufinden, lernen wir von Juristinnen und Psychologen. Tauchen ein in die Kindheiten der 60er und 70er Jahre, auch in die von Gastarbeiterkindern und DDR-Geschwistern. Wir finden Ideen für lustige Geschwistertreffen und versöhnliche Briefe nach einer langen Funkstille. Und lassen uns von einem Sozialpsychologen erklären, wie man die letzte große Aufgabe im Leben von Geschwistern friedlich lösen kann: den Streit ums Erbe.

Schule des Lebens

Warum es sich lohnt, über seine Brüder und Schwestern nachzudenken. Und warum viele von uns sich nach dem großen »Wir« sehnen

Sisters & Brothers. 500 Jahre Geschwister in der Kunst hieß eine Ausstellung, die 2022/23 in der Kunsthalle Tübingen zu sehen war. Sie war nicht nur sehenswert, weil man gezeigt bekam, wie stark sich das Bild von Geschwistern in der Kunst über die Jahrhunderte verändert hat. Für mich lohnte sich der Besuch auch, weil ich vom Café am Rande der Kunsthalle aus die Besucher und Besucherinnen beobachten konnte. So viele Geschwisterpaare standen vor den Gemälden! Eine Besucherin kritzelte zwei Strichfiguren ins Gästebuch: »Ich, 19 Jahre« stand neben dem Mädchen, »22 Jahre« neben dem Brudermännchen. »Lass uns kämpfen«, sagt der Bruder. »Lass uns umarmen«, die Schwester.

Typisch Geschwister: Sie schwanken ständig zwischen Liebe und Streit, sind mal Komplizen und mal Konkurrenten. So gesehen ist die Geschwisterbeziehung ein ideales Trainingsfeld fürs spätere Leben. Wer mit Geschwistern aufgewachsen ist, hat gelernt, um seine Rechte zu kämpfen, Bündnisse zu schließen und Kompromisse auszuhandeln. Hat gelernt: Es gibt auch andere Bedürfnisse als meine. Und ich muss teilen: Die Schokolade. Das Kinderzimmer. Die Liebe der Eltern. »Empathie und Sozialkompetenz«, so schreibt die Kindertherapeutin Inés Brock-Harder, lerne man am besten von Geschwistern. Was für eine großartige Schule des Lebens. Und sieht man nicht – so gibt Brock-Harder zu bedenken – an einer Gesellschaft wie der chinesischen, die jahrelang nur ein Kind erlaubte, welche Sozialkompetenzen fehlen, wenn Geschwister fehlen?

Doch die viel beschworene Geschwisterlichkeit ist ein hehres Ziel. Eine gelungene Geschwisterbeziehung könne als »wegweisende Zukunftsmetapher für alle« gelten, schreiben die Macherinnen und Macher der Tübinger Ausstellung. Die Sehnsucht nach dem »Wir« – sie wird größer, je individueller und unterschiedlicher unsere kleinen Welten sich ausdifferenzieren.

Denken Sie mal darüber nach: Die Beziehung zu unseren Geschwistern ist für die meisten von uns die längste in unserem Leben. Länger als die zu unseren Eltern, die im Normalfall weit vor uns sterben. Deutlich länger als die zu unseren Lebenspartnern, die wir im Normalfall erst im Erwachsenenalter kennenlernen. Unsere Geschwister sind die Personen aus unserer

Generation, die uns am nächsten sind, niemand sonst auf der Welt hat Erfahrungen gemacht, die unseren so ähnlich sind.

»Familieneigentümlichkeiten«, sagen die Soziologen dazu. Neudeutsch spricht man von *Codes*. Dass ich – geprägt von der Sparsamkeit meiner Eltern – besonders gern und großzügig Trinkgeld gebe, versteht am besten meine Schwester. Dass wir beide uns gegenseitig schreiben »Heul nicht verpassten Möglichkeiten nach« – das verstehen wir auch, wenn es nur per WhatsApp und nur mit den ersten zwei Worten geschrieben wird – es reicht »Heul nicht…«. Es war das Mantra meines Vaters.

Als ich beschlossen habe, dieses Buch zu schreiben, bin ich zuerst einmal bei meiner eigenen Familie auf die Suche gegangen nach solchen »Familieneigentümlichkeiten«. Ich kann dazu nur raten, falls man Geschwister hat: Fragen! Fotos gucken! Darüber reden. Miteinander lachen. Aus vielen kleinen Geschwistergeschichten erklärt sich so manche Marotte, die man heute mit sich rumschleppt. Und es macht ganz nebenbei wirklich Spaß!

Um meine Schwester zu befragen, muss ich reisen, denn sie ist immer unterwegs. Sie meint, das sei so, weil unsere Eltern nie wegwollten aus der oberschwäbischen Enge. Aber sie ist deutlich rastloser als ich. Und überhaupt sind wir ganz schön unterschiedlich. Mal sehen, ob wir diesem Phänomen auf die Spur kommen. Ich setze mich also ins Auto und fahre ins

Rothaargebirge, wo sie sich zwei Wochen Gesundheitsurlaub gönnt. Ich warte im Café, sie kommt fünf Minuten zu spät.

Uns beiden fällt ein, dass das in unserer Familie immer so war. Bilder fliegen in meinen Kopf. Die 70er Jahre. Mein Vater und ich sitzen im Auto, der Motor läuft, und wir warten ungeduldig auf meine Schwester. Meine Mutter, die Diplomatin, rennt über die Waschbetonplatten zwischen Haustür und Auto hin und her, um meinen Vater zu beruhigen, der vor Ungeduld schon rote Flecken am Hals bekommt, die immer größer werden. Und um meine Schwester anzuschubsen: »Was machst du denn so lange? Jetzt komm doch bitte.« Endlich steigt meine Schwester ins Auto – sie hatte wahlweise das Gummi mit den zwei roten Holzkugeln für den Pferdeschwanz oder den Lipgloss mit dem Grüne-Apfel-Geschmack nicht gefunden. Die Stimmung im Auto ist auf dem Tiefpunkt. In eisiger Stille fahren wir zu einem unserer Familienausflüge.

Heute können wir darüber lachen. Aber mir wird klar: Diese wahnsinnige Ungeduld, die habe ich ein Leben lang behalten. Ich hasse es, auf jemanden zu warten. Und ich verachte bis heute Frauen, die ewig an ihrem Outfit herumtüddeln. Und meine Schwester findet bis heute, ich könnte mich ein bisschen ordentlicher stylen, bevor ich mich in ein Auto oder eine Bahn setze. Okay, grüner Apfel muss es heute nicht mehr sein, aber ein bisschen Max Mara?

Wie lustig, mir fällt wirklich jetzt erst auf, dass ich bei diesem Thema komplett auf Papa-Seite war. Papa ungeduldig – ich ungeduldig. Wo ich doch lange dachte, Biggi sei die komplette Vatertochter. Darüber muss ich noch nachdenken. Das macht Spaß!

»Geschwister hüten diesen in Geschichten gesammelten Schatz von Erinnerungen als ein Geheimnis eigener Art«, schreibt der Soziologe Tilmann Allert im Katalog der Kunsthalle Tübingen zur eingangs erwähnten Geschwisterausstellung. Mit »Geheimnis« meint er nicht etwa Staatsgeheimnisse oder verbotene Dinge. Er meint Vorgänge in unserer Kindheit, die wir später vergessen, die aber dennoch unser Handeln beeinflussen.

Und doch gibt es so viele erwachsene Geschwister, die diesen Schatz gar nicht feiern können. Die im Gegenteil heillos zerstritten sind. Ich habe für dieses Buch viele Menschen getroffen, darunter auch einen Bruder, der mir seelenruhig gesagt hat: »Wenn meine Schwester morgen an meiner Tür klingelt und fragt: Spendest du mir deine Niere? Ich würde die Tür wieder zumachen.« Diese Geschichte ist besonders erschütternd, ich erzähle sie etwas später in diesem Buch noch ausführlich. Jedenfalls bin ich froh, dass ich viele Wochen nach dem Interview mit diesem einsamen Bruder den Geschwisterforscher Jürg Frick getroffen habe, der genau das Gegenbeispiel erzählte. Von zerstrittenen Geschwistern, die wieder zusammengefunden haben, weil eine hörte, die andere brauche eine Niere. Und die der Schwester nach jahrelanger Funkstille in einem Brief schrieb: Ich spende dir meine Niere.

Ich habe Schwestern getroffen, die den Kontakt zueinander abgebrochen haben, weil die eine an Weihnachten ihre Kinder zum gemeinsamen Feiern mit der gesamten Verwandtschaft verdonnerte und die andere nicht. Ich habe Brüder interviewt, die sich über eine Rechnung im Skiurlaub verkracht haben. Und zumindest ahnten, dass es um weit mehr als um diese Rechnung ging.

Um alte Rechnungen geht es tatsächlich ziemlich oft, wenn sich Geschwister in ihrer zweiten Lebenshälfte zerstreiten. Um das Gefühl, zu kurz gekommen zu sein. Um Neid, Missgunst, alte Kränkungen. Um Muster aus der Kindheit, die man mit fünfzig oder sechzig einfach nicht mehr erträgt.

Da stellt sich doch die Frage: Warum soll man sich überhaupt damit beschäftigen? Warum kann man nicht die Kindheit abhaken und die verhassten Geschwister einfach ignorieren? Ja, das kann man. Und gar nicht so viele Menschen tun das auch. In Umfragen sagen sieben Prozent der Männer und fünf Prozent der Frauen, dass sie den Kontakt komplett abgebrochen haben. Aber ich halte es schlicht und einfach für gehörig unvernünftig, sich ausgerechnet im späteren Leben mit seinen Geschwistern zu verkrachen. Denn da stehen meist Entscheidungen an, die man besser als Team gestaltet als im Stellungskrieg. Wer pflegt unsere Mutter? Wie versorgen wir unseren Vater? Was machen wir mit dem Elternhaus? Wie gestalten wir die Beerdigungen unserer Eltern? Klar können das notfalls Anwältinnen und Notare lösen. Aber das kostet nicht nur sehr viel Geld, sondern noch viel mehr Lebensenergie. Und die braucht man im fortgeschrittenen Alter unbedingt für andere Themen. Zum Beispiel für die eigene Gesundheit, den eigenen Ruhestand, vielleicht auch für die eigenen Kinder oder Enkel.

Meine Erfahrung im engeren Freundeskreis ist: Wenn die eigenen Kinder aus dem Haus sind, beschäftigen wir uns wieder mehr mit unserer Herkunftsfamilie. Gerade während der Pandemie hatten viele Zeit und Muße dafür. Und die Ausgangs- und Kontaktbeschränkungen halfen sogar dabei. Familienmitglieder ersten Grades durfte man besuchen. Plötzlich war es wieder wichtig, mit wem man verwandt ist.

Eine Freundin von mir malt seitdem Stammbäume, eine andere geht neuerdings zur Familienaufstellung. Überall werden Gefühlserbschaften erkundet: Welche Ereignisse, die unsere Familie geprägt haben, wirken heute noch in uns nach? Wir, die wir jetzt fünfzig oder sechzig sind, haben die »Rush Hour of Life« hinter uns. Unsere Kinder sind groß, beruflich müssen wir uns und anderen nichts mehr beweisen. Wir denken darüber nach, wie wir die nächsten Lebensjahre gestalten, in denen die Erziehungsarbeit getan ist und der Brotjob sich irgendwann auch seinem Ende zuneigt. Wo geht das Leben hin? Da hilft es auch zu gucken: Wo komm ich eigentlich her?

Der Schweizer Geschwisterforscher Jürg Frick schreibt in seinem lesenswerten Buch: *Ich mag dich – du nervst mich*, dass die meisten Geschwisterbeziehungen in drei Phasen verlaufen: In der Kindheit geht es um Intimität, um Kameradschaft und um das Zusammenhalten gegen die Eltern. Als junge Erwachsene entfernen sich die Geschwister meist voneinander, jede und jeder baut erst einmal das unabhängige Leben und dann meist eine eigene Familie auf. Und ab fünfzig nähern sich, wenn es gut läuft, die meisten Geschwister dann wieder an.

Die kindliche Intimität unter Geschwistern ist von vielen Autorinnen und Filmemachern beschrieben und gefeiert worden. Ich möchte hier nur ein Zitat von der britischen Schriftstellern Elena Lappin einstreuen. Es stammt aus ihrem Buch *In welcher Sprache träume ich?* Sie ist sechs Jahre alt, als ihr »Babybruder«, der spätere Autor und Publizist Maxim Biller geboren wird. Sie schreibt auf eine Art darüber, die mir im Gedächtnis geblieben ist: »Ich war ungeheuer stolz auf ihn, einfach weil es ihn gab. Seine Ankunft markierte das Ende einer Periode meines Lebens, in der ich das Gefühl hatte, als Einheit seien meine Eltern mir zahlenmäßig überlegen. Plötzlich war ich nicht länger allein; ich hatte meine eigene Einheit – zwei! – und das machte einen großen Unterschied.«

Später im Leben gibt es viele andere »Einheiten«: Freundinnen und Freunde, Liebespartner, eigene Kinder. Geschwister verlieren in der Lebensmitte oft an Bedeutung – und gewinnen danach wieder. Man spricht von einer U-Kurve: Am Anfang des Lebens ist die Intensität der Geschwisterbeziehung hoch, in der Mitte sackt sie nach unten und ungefähr ab fünfzig steigt sie wieder an. Die meisten halten jetzt zusammen bei Krankheit und Alter – sowohl was das eigene Alter betrifft als auch das der Eltern. Andere erklären sich gerade jetzt den Krieg.

Aber auch wer mit den Geschwistern total zerstritten ist, ist ja doch von ihnen geprägt worden. Je mehr man sich die alten Rollen und Muster bewusst macht, desto eher kann man sich von ihnen lösen. Denn was in der Kindheit vielleicht mal nützlich war, kann einem im späteren Leben im Weg stehen. Da ist das Nesthäkchen, das zuhause immer so lange geweint hat, bis ihm geholfen wurde. Hat als Fünfjährige gut geklappt, wenn das Knie aufgeschlagen war. Ist aber später am Arbeitsplatz keine gute Strategie, wenn der Drucker nicht funktioniert.

Da ist die ältere Schwester, die als Kümmerin immer alles organisiert hat. Verliebt sie sich aber später in einen Mann, der ebenfalls die Fäden in der Hand halten will, kann es schwierig werden. Solche Dynamiken wirken auch dann, wenn man sich mit der Familie komplett zerstritten hat. Grund genug, sie sich gründlich anzuschauen.

Das Verhältnis zu Geschwistern spielt fast in jeder Familienberatung eine Rolle. »Bei der Partnerwahl, bei Problemen am Arbeitsplatz. Aber selten kommt jemand explizit deshalb zu uns«, sagt der Leiter einer Familienberatungsstelle am Telefon. Kürzlich hat er einen Infoabend über das Thema Geschwister angeboten und dachte, da kämen Eltern von kleinen Kindern. »Ich war ganz erstaunt«, sagt der Psychologe, »dass die meisten über ihre eigenen Geschwister sprechen wollten.«

Und schließlich hat das eine mit dem anderen zu tun. Wer sich mit seinen Geschwistern gut versteht, ist ein Vorbild für die eigenen Kinder. Gilt leider auch umgekehrt. Offenbar kann man auch Geschwisterstreit in die nächste Generation vererben. Ich habe eine Frau getroffen, die mit ihrem Bruder keinen Kontakt mehr hat, seit er sie in ihren Augen nach dem Tod des Vaters hängen ließ. Ganz alleine musste sie das Haus ihres Vaters aufräumen, einem leidenschaftlichen Sammler antiquarischer Schriften. Bei jedem Exemplar einer alten *Fackel* oder eines bereits zerschlissenen Wörterbuchs hätte sie so gerne mit ihrem Bruder Rücksprache genommen. Einige Exemplare hatte sie sogar für ihn gesichert vor dem Entrümpler. Aber als von ihm kein »Danke« kam und er sich noch nicht mal zu Weihnachten meldete in jenem schmerzhaften Trauerjahr, brach sie den Kontakt zu ihm ab.

Die Mutter lebt noch – und leidet schrecklich unter dem Streit der Kinder. Aber wundern muss sich die alte Mutter eigentlich nicht. Denn auch sie hat den Kontakt zu ihrer Schwester abgebrochen, die in derselben Stadt wohnt und ebenfalls verwitwet ist. Wie traurig. Die beiden alten Damen könnten sich doch Gefährtinnen und Gesellschaft sein. Und was muss das für ein logistischer Meisterakt sein, wenn diese Tochter ihre alte Mutter und die alte Tante besuchen will. Wie Geheimagentinnen spionieren sie sich gegenseitig aus. Diese neue Vase – hat die der Bruder mitgebracht? War er also wieder mal da, dann hätte er aber auch den kaputten Rollladen reparieren können! Warum hat die Mutter schon wieder nur das billige Zeug im Kühlschrank, hat sie etwa dem Bruder Geld zugesteckt? Und die alte Mutter wird ebenfalls misstrauisch. Warum kommt die Tochter erst abends zu Besuch? War sie etwa vorher zum Kaffee bei der Tante? Was für Neuigkeiten hat wer rausgefunden? In dieser Familie hat sich der Konflikt vererbt. Kalter Krieg. Wie schade.

Wie man aus den Verstrickungen der Kindheit herausfinden kann, darum soll es in diesem Buch gehen. Ein Patentrezept dafür gibt es nicht. Die Ratschläge lauten im Kleinen ähnlich wie bei Friedensverhandlungen zwischen verfeindeten Staaten: Es gilt, die Perspektive des anderen einzunehmen. Mit Milde und echtem Interesse auf die Zeitläufe schauen. Das Gemeinsame suchen und nicht nur das Trennende. Raus aus der alten Rolle. Gleichheit zulassen. Sich helfen lassen. Von Profis.

Niemand sagt, dass das einfach sei. Aber es lohnt sich auf jeden Fall. So wie der Krieg zwischen zwei Staaten unendlich viel Geld kostet, so kostet der Streit zwischen Geschwistern unendlich viel Kraft, Energie – und auch oft eine Stange Geld. Wie schön wäre es, diese Energien in die genussvollen Dinge des Lebens zu stecken.

Freiheit, Gleichheit –
und war da nicht noch was?

Warum das Thema Geschwister lange vernachlässigt wurde und erst allmählich die Aufmerksamkeit bekommt, die es verdient

Es war ein kalter Wintermorgen in einer ziemlich großen New Yorker Penthouse-Wohnung. Susan Brownmiller, eine der großen Feministinnen der amerikanischen »Women's Lib«-Bewegung, saß in einem überdimensionierten Lehnstuhl und sah meine Schwester und mich mit durchdringendem Blick an. Auf jedem Tisch im Raum eine Schreibmaschine, auf einer kleinen Empore ein Fitnessfahrrad, das war 1991 noch etwas Besonderes. Brownmiller war damals in etwa Mitte fünfzig. Meine Schwester und ich Mitte zwanzig. Jedes Jahr unternahmen wir eine Schwesternreise. Mal nach Venedig, mal nach Kopenhagen – diesmal hatte es uns so weit weg getragen wie noch nie, in den Big Apple.

Damals arbeitete ich bei Emma und Alice Schwarzer hatte mir die Audienz bei der großen Feministin organisiert. *Gegen unseren Willen – Against our will* hieß das bahnbrechende Werk, das Brownmiller geschrieben hatte. Zum ersten Mal war dem Thema Gewalt gegen Frauen publizistisch solch eine Kraft verliehen worden. Meine Schwester und ich hatten es beide gelesen, wir waren gespannt auf die berühmte Kämpferin.

Brownmiller hatte nicht viel Zeit für den Besuch aus Deutschland. Höflich, wie Amerikanerinnen nun mal sind und damit es gerade so angemessen war für touristischen Besuch wie uns, empfahl sie uns ein angesagtes Restaurant im Meat Packer District und gab uns außerdem noch den Namen ihres Zahnarztes, denn ich hatte bei diesem Schwesternurlaub unerträgliche Zahnschmerzen. Sie fragte uns ein bisschen aus nach unseren Biografien. Ah ja, *Emma*, die kannte sie. Meine Schwester, damals Juniormanagerin bei Daimler, musterte sie dagegen mit kritischem Blick. »Ah, so you are not so much of a feminist as your sister?«

Diesen Satz haben wir später noch oft mit einem Lachen zitiert. Meine Schwester zog kurz darauf das erste Frauennetzwerk bei Daimler auf, das bis heute besteht. Aber es ging gar nicht darum, feministische Punkte bei der alten Emanze zu machen. Absurd klang der Satz deshalb in unseren Ohren, weil es doch im Leben nicht darauf ankommt, auf der Höhe eines politischen Programms zu leben. Aber genau das schwang ja mit in dem Zitat der großen Brownmiller: Deine Schwester mag sie sein, aber eine echte »Sister« unserer Bewegung kann sie ja wohl nicht sein, wenn sie in der bösen Männerindustrie arbeitet. »Sisterhood is powerful« heißt der Schlachtruf der Frauenbewegung. Ich fand schon damals: Schwesternschaft, die angeborene wie die gelebte, zählt doch viel mehr als jede politische Ideologie?

Ich musste neulich an diese New Yorker Szene denken, als ich die junge Feministin Franziska Schlutzbach im Radio hörte. Sie hat den Bestseller *Die erschöpften Frauen* geschrieben und sie sagte sinngemäß: Wir Frauen haben mehr für Freiheit und Gleichheit gekämpft als für Brüderlichkeit und Schwesterlichkeit.

Ich würde den Gedanken gerne noch eine Kurve weiter drehen: Gerade *weil* unsere Generation – wir Boomer, also grob die Jahrgänge 1960 bis 1970 – so viel für Gleichheit und Gerechtigkeit gekämpft haben, sind wir besonders empfindlich, wenn Menschen ungleich behandelt werden. Konkret: Wenn ich als Schwester oder Bruder das Gefühl habe, ich sei zu kurz gekommen. Wir sind die Generation, deren 68er-Lehrer uns erklärt haben, dass alle Menschen gleich viel wert sind. Wir sind aufgewachsen mit den Versprechen der Willy-Brandt-Ära: Bildungsgerechtigkeit. Aufstiegschancen. Gesamtschulen. Wie kann es da sein, dass einer mehr Anerkennung bekommt als der oder die andere. Denn darum geht es fast in allen Geschwisterkonflikten: um Bevorzugung und Benachteiligung.

Besonders gut kann man das an der Geschichte von drei Brüdern erkennen, über die ich etwas später in diesem Buch dann auch etwas ausführlicher schreibe. Aber hier passt ihr Beispiel so gut, dass ich einen kleinen Vorgriff wage: Alle drei sind aufgewachsen in einem sozialdemokratischen Lehrerhaushalt der 60er/70er Jahre. In Berlin. Mit dem Aufbruch in die Emanzipation, mit Kinderläden, moderner Kunst und langen Haaren. Aber bis heute konkurrieren sie um die Zuwendung der Mutter. So sehr, dass sie heillos zerstritten sind. Der traurige Höhepunkt: Der jüngste Bruder hat die alte demente Mutter aus dem Heim, in welchem die älteren Brüder sie untergebracht hatten, entführt. Offenbar in der Hoffnung, nur einmal, wenigstens dieses eine Mal das Lob und den anerkennenden Blick der Mutter zu bekommen.

Zugegeben, ein extremer Fall, der mich lange beschäftigt hat, ich habe die Brüder insgesamt viermal getroffen. Aber doch ein gutes Beispiel, wie der Hunger nach Gerechtigkeit und Gleichheit am Ende zu einem regelrechten Geschwisterkrieg führen kann.

So wichtig Geschwister in unserem Leben sind – so wenig wird dem Thema Beachtung beigemessen. Der Soziologe Tilmann Allert beschäftigt sich seit über fünfzig Jahren mit Familienkonstellationen. Er vermutet, Geschwisterbeziehungen hätten an Bedeutung eingebüßt, weil sie in der modernen Gesellschaft meist keine »Karriererelevanz« mehr haben. War es im bäuerlichen Leben noch wichtig, der Erstgeborene zu sein, sind heute im Prinzip alle Geschwister gleichberechtigt. Nur in zwei Fällen, sagt Allert, habe das Thema noch wirklich Bedeutung: In der Aristokratie – man denke nur an die Bruderfehde zwischen Harry und William. Und in Unternehmerfamilien.

Aber außerhalb dieser sehr dünn besiedelten Sphären sind Geschwister nahezu ohne Bedeutung für den eigenen Status. Sie haben, so der Sozialpsychologe, »rein affektive Bedeutung«. Und selbst diese gefühlsmäßige Bedeutung ist bislang wenig erforscht. Erst seit etwa dreißig Jahren gibt es in Deutschland eine empirische Geschwisterforschung. »Wir nehmen Geschwister noch viel zu wenig in den Blick«, sagt Sabine Walper, die Direktorin des Deutschen Jugendinstituts, 2021 dem SPIEGEL, »wir konzentrieren uns auf die Eltern, die das Familienleben arrangieren, aber angesichts der lebenslangen Folgen, die sich aus guten wie schlechten Geschwisterbeziehungen ergeben, müssten wir viel mehr wissen.«

Das bestätigt auch Inés Brock-Harder, die nicht nur selbst Kinder therapiert, sondern als Vorsitzende des Bundesverbandes für Kinder- und Jugendlichenpsychotherapie die Forschung im Blick hat. In der Sendung *Lebenszeit* des Deutschlandfunks sagte sie im September 2023, die Bindungsforschung habe sehr lange nur die Mütter in den Blick genommen, dann spät auch die Väter. Aber dass eine mangelnde Bindung an die Eltern im Glücksfall kompensiert werden kann durch eine geglückte Geschwisterbeziehung – »darüber reden wir erst seit zehn Jahren«, so Brock-Harder.

2023 gab es einen tollen Artikel im *ZEIT-Magazin* über die Bedeutung der Kindheit. Auch ein liebloses Elternhaus, so die These des Autors Tilmann Prüfer, könne man halbwegs gesund überstehen, wenn man andere liebevolle Menschen um sich habe. Es wurden Lehrerinnen und Tanten benannt, es ging um die »vier V«: Sei vertraut, verlässlich, verfügbar, liebevoll (das v in der Mitte des Wortes »liebevoll« zählt der Autor großzügig mit). Genau diese vier V gibt es in einer gelungenen Geschwisterbeziehung. Aber das Thema Geschwister kam in dem Artikel gar nicht zur Sprache.

Auch in deutschen Gesetzestexten kommt das Wort »Geschwister« kaum vor. Dabei haben Anwältinnen wie Katharina Mosel aus Köln fast ausschließlich mit ihnen zu tun. »Über 90 Prozent meiner Erbfälle spielen sich zwischen Geschwistern ab«, schätzt sie. Dabei geht es häufig um Verteilungskämpfe beim Erben oder darum, dass Eltern ein Kind als Erbe bestimmt haben, während das andere Kind leer ausgeht.

Geschwister sind sich zwar untereinander nicht zum Unterhalt verpflichtet, werden aber für den Unterhalt der Eltern herangezogen, wenn ein Elternteil ins Heim kommt und das

Geld der Eltern nicht reicht. Das sorgt neben Erbstreitigkeiten für Konfliktpotenzial. Wer in Frieden mit seinen Geschwistern lebt und einen Teil seines Geldes an die Schwester vererben will, wird feststellen, dass der steuerliche Freibetrag relativ gering ist. »Rein steuerlich«, sagt Mosel, »ist es sinnvoller, sein Geld einem gemeinnützigen Verein zu vererben.«

Höchste Zeit, dem Thema mehr Liebe und Aufmerksamkeit zu widmen. Für mich jedenfalls war der Besuch bei Susan Brownmiller seinerzeit der wichtigste in der ganzen New Yorker Urlaubswoche. Aber nicht wegen ihrer Berühmtheit, sondern weil sie mir zum Glück die Telefonnummer ihres Zahnarztes gegeben hatte. Ich bekam eine üble Wurzelentzündung und meine Schwester telefonierte sich die Finger wund, bis sie den Spezialisten in Chinatown erreicht und ihn zu einem Termin überredet hatte. Sie verbrachte dann, anstatt mit mir ins Broadway-Musical zu gehen, viele Stunden mit ihrer kleinen Schwester in Notdienstapotheken und am Hotelbett. So können Schwestern sein. Vertraut, verlässlich, verfügbar und liebevoll.

Der Mythos vom Streber und der Rebellin

*Warum die Theorien über die Geschwisterreihung
inzwischen widerlegt sind –
und was die Forschung wirklich weiß*

Als ich anfing, tiefergehend über das Thema Geschwister nachzudenken, schenkte mir eine gute Freundin ein Buch: *Geschwisterkonstellationen – Die Familie bestimmt Ihr Leben*. Der Einband war schon etwas abgegriffen, es wurde 2002 von dem amerikanischen Psychologen Kevin Leman geschrieben. Ich verschlang es in einem Stück, weil darin alles so einleuchtend klang: Die Erstgeborenen sind immer gewissenhaft und perfektionistisch, sind ernsthaft und erobern den Weltraum. Kein Witz: Von den ersten 23 Astronauten, die in den Weltraum geschossen wurden, waren 21 Erstgeborene oder Einzelkinder. Der Autor geht sogar so weit zu sagen, dass er in einer Gruppe von Menschen sofort sehe, wer das älteste Geschwister sei: »Jedes Haar liegt exakt, die Kleidung ist farblich genauestens abgestimmt.«

Ähnlich klare Vorstellungen hat Leman von den anderen Geschwisterrängen: Die mittleren Kinder seien vermittelnd, konfliktscheu, es gebe selten Fotos von ihnen im Familienalbum.

Die Jüngsten, die Nesthäkchen, seien hingegen oft charmant, könnten gut auf Menschen zugehen, wären aber auch manipulativ und deshalb die idealen Gebrauchtwagenverkäufer (das scheint in den USA enorm wichtig zu sein). Sie stünden gerne auf der Bühne, wenn es sein muss, auch als Clowns.

Wow, das schien mir eine super Grundlage für mein Buch. So einfach! Mir fiel ein, dass ich bei meinem ersten Praktikum in den 90er Jahren für die Zeitschrift *Eltern* einen Artikel über Nesthäkchen schreiben sollte. Damals war ein anderer amerikanischer Geschwisterforscher en vogue, Robert Plomin, ein Zeitgenosse von Herrn Leman. Plomin hatte angeblich herausgefunden: Die Erstgeborenen würden oft Chefs und Staatenlenker. Die Jüngsten würden Rebellen. Winston Churchill und Adolf Hitler waren Erstgeborene, Che Guevara, Rosa von Luxemburg und Charles Darwin waren jüngste Geschwister.

Mir schien das schon deshalb faszinierend, weil diese vermeintliche Regel in unserer Familie auf den ersten Blick voll zutrifft. Bei meiner Schwester liegt »das Haar exakt und die Kleidung ist farblich abgestimmt«, ganz nach Herrn Lemans Theorie. Sie ist perfekt. Wenn wir ein Familienfest planen, schickt sie vorher Ablaufpläne und Hoteltipps. Und zwar viele Wochen im Voraus. Und sie hat zunächst voll und ganz die Erwartungen meines Vaters erfüllt. Sie ging wie mein Vater, der Betriebsleiter bei Daimler-Benz war (so hieß das noch in den 80er Jahren), in die Automobilbranche. Studierte dann Betriebswirtschaft, gehörte bald zu einem Nachwuchsführungskader bei Daimler, fuhr jedes Jahr ein größeres Auto, arbeitete sich von der C-Klasse zum SLK empor und war der Stolz meiner Eltern.

Ich hingegen begehrte früh gegen alles auf, was mit Motoren zu tun hatte. Meine Schwester lernte unter Aufsicht meines Vaters auf dem Verkehrsübungsplatz das Schalten und Gas geben – für mich die blanke Horrorvorstellung. Als Autonarr wusste er alles besser. »Schalt früher hoch! Motorbremse! Grüner wird's nicht!« Meine herzensgute Mutter, die Jahre zuvor auch schon unter dem Fahrunterricht meines Vaters gelitten hatte, bezahlte mir später von ihrem Taschengeld heimlich Fahrstunden in der Fahrschule, damit mir dieses Kapitel erspart blieb. Ohne Führerschein wäre man bei uns auf dem Dorf verloren gewesen. Aber darüber hinaus lehnte ich aus Opposition zu meinem Vater alles ab, was über den Transport von A nach B hinausging.

Ich erinnere mich, dass ich mit dreizehn einen Ausflug ins Daimler-Werk nach Sindelfingen verweigerte. Dort sollten wir eine Rundfahrt durch die Werkshallen machen und uns ansehen, wie eine Karosserie zusammengebaut wird. Allein zuhause bleiben durfte ich nicht, also fuhr ich schmollend mit und saß drei Stunden im väterlichen Auto auf dem Werksparkplatz in Sindelfingen, bis die anderen von ihrer Tour zurückkamen. Nach dem Abi wurde ich Journalistin und ging zur *Emma*, was für meinen konservativen Vater so viel bedeutete wie: Heute *Emma*, morgen vermutlich RAF. Mehr Rebellentum geht nicht. Oder?

So könnte ich jetzt munter weitererzählen im Sinne der 90er-Jahre-Forschung aus den USA. Nur leider, leider, oder zum Glück! – so einfach ist es eben nicht. Noch nicht mal in meiner eigenen Empirie. Meine Schwester bog später vom Karrieretrack ab und machte sich selbstständig. Den Geruch von Werkstätten und das Design schicker Autos liebt sie allerdings immer noch. Ich kann inzwischen ganz gut Auto fahren, bin sogar Chefin geworden und schaffe es auch halbwegs, meine Kleidung und Haare in Ordnung zu halten. Mein Vater, würde er noch leben, wäre vermutlich stolz auf mich.

Die Forschung über die Geschwisterrangfolge – sie ist inzwischen überholt. Auch wenn manches bestechend logisch erscheint, ist sich die wissenschaftliche Community mittlerweile einig: Bei der Rangfolge kommt es vor allen Dingen darauf an, wie man seinen Rang bewertet. War man das große Geschwister? Immer die Anführerrolle zu übernehmen, kann unfassbar belastend sein. Aber man kann die Verantwortung auch als Privileg verstehen und Freude daran haben, den jüngeren Geschwistern etwas beibringen zu können. Man war ein Sandwichkind? Fühlte man sich dabei eingequetscht zwischen Groß und Klein? Oder hat man es genossen, dass die große Schwester immer bei den Hausaufgaben geholfen hat und man gleichzeitig das Brüderlein im Puppenwagen rumfahren durfte? All das kann wichtiger sein als die Position an sich.

Aber was sind dann die anderen Faktoren, die eine Rolle spielen? Und warum gab es bislang überhaupt relativ wenig Forschung zum Thema Geschwister? Ich nehme mir vor, den derzeit bekanntesten Geschwisterexperten zu besuchen: Professor Jürg Frick, emeritierter Psychologe und Berater. Sein Buch *Ich mag dich – du nervst mich. Geschwister und ihre Bedeutung für das Leben* ist mittlerweile in der 5. Auflage erschienen, ich finde dort den besten Überblick über den aktuellen Stand der Forschung.

Auf Fricks Homepage steht, er sei seit 2021 »theoretisch im Ruhestand«, also mache ich mich ganz praktisch auf nach Zürich. Frick wohnt an der sonnigen Ostseite des Zürichsees. Er berät primär Lehrpersonen und Einzelpersonen, häufig zum Thema Geschwister. Jahrelang hat er mit Schulen und Lehrerkollegien gearbeitet und dort festgestellt, dass es ein regelrechter »Kunstfehler« ist, wenn man bei Konflikten eine wichtige Frage vernachlässigt: Wie lief es früher mit den Geschwistern?

Der Zug nach Uerikon fährt durch idyllische Weinberge mit Blick auf den glasklaren Zürichsee. Heute fällt der erste Regen nach einer historisch langen Hitzeperiode, der Professor – schlank, feine Brille, graues Haar – ist noch erschöpft von den letzten Tagen. Er hielt am Konservatorium Seminare zum Thema »Verwöhnte Kinder« und klagt, dort sei es unerträglich heiß gewesen. Beides kann ich mir gut vorstellen: die Hitze! Ich war am Tag vorher angereist und im 26 Grad warmen Zürichsee geschwommen, als wäre er eine Badewanne. Und »Verwöhnte Kinder«: Der Weg nach Uerikon führt durch Villen und Jachtanleger, wie soll man hier bitte schön seine Kinder nicht verwöhnen?

Im gemütlichen Therapieraum, auf weichen Teppichen und zwischen dicht bepackten Bücherregalen, will ich zunächst wissen, warum es überhaupt so wenig Geschwisterforschung gibt. Dazu muss der Experte historisch ein bisschen ausholen: Zur Fehde zwischen Sigmund Freud und seinem Schüler Alfred Adler.

Beide sind in kinderreichen jüdischen Familien im Wien der Jahrhundertwende aufgewachsen, sie gelten als Gründer der Psychoanalyse (Freud) beziehungsweise der Individualpsychologie (Adler) und haben später miteinander gebrochen, unter anderem über die Frage, wie wichtig Sexualität bei der Entstehung von Neurosen ist. Von Adler gibt es sehr interessante Beobachtungen zu Geschwistern, Freud verachtete ihn dafür. Darin liegt möglicherweise ein erster Grund dafür, dass man sich jahrzehntelang wenig Gedanken um Brüder und Schwestern machte, aber sehr viel mehr über das Verhältnis von Mutter und Kind – Freuds zentrales Thema. Freud, salopp gesagt, hat sich in der Therapieszene stärker durchgesetzt als Adler.

Warum wollte Freud (1856–1939), der doch selber fünf Geschwister hatte, so wenig darüber wissen? Der Zürcher Forscher lächelt. »Ich glaube, dem waren die jüngeren Geschwister einfach lästig. Anna musste sogar das Klavierspielen aufhören, weil sie den großen Sigmund beim Denken störte.«

Sigmund wuchs in seiner Familie von Anfang an mit dem Gefühl auf, etwas Besonderes zu sein. Er selber schrieb: »Wenn man der unbestrittene Liebling der Mutter gewesen ist, so behält man fürs Leben jenes Eroberergefühl, jene Zuversicht des Erfolges, welche nicht selten den Erfolg nach sich zieht.« Freud war schon als Kind überzeugt davon, etwas Besonderes zu sein. Als er einmal aus Versehen mit schmutzigen Fingern einen Sessel betatschte, soll er die Mutter mit der Aussicht getröstet haben, er werde später ein berühmter Mann und würde ihr dann einen neuen Sessel kaufen.

Als Professor Frick, aus dessen Buch ich diese reichlich unsympathische Anekdote habe, von Freud erzählt, finden wir gleich eine Parallele zu heute. Auch heute beschäftigen sich eher jene Geschwister mit dem Thema, die einen Leidensdruck haben. »In meine Beratung kommen selten die, die von den Eltern mit genug Aufmerksamkeit und Ressourcen ausgestattet wurden. Sondern die, die in ihren eigenen Augen zu kurz gekommen sind.«

Es ist ein großes Versäumnis, dass mit dem Siegeszug von Sigmund Freuds Theorie die Gedanken von Alfred Adler jahrelang in den Hintergrund gerieten. Adler (1870–1937) war der zweite von sieben Geschwistern, er hatte ausgerechnet einen großen Bruder namens Sigmund, den er als begabt und dominant erlebte. Adler selbst war ein schwächliches Kind, musste wegen einer Rachitis lange Zeit am ganzen Körper bandagiert werden und konnte nur schwer mit anderen Kindern raufen und rennen.

Freud sah Adler als Abtrünnigen an, der die reine Lehre seiner Psychoanalyse verwässert habe. Sie blieben Zeit ihres Lebens zerstritten. Als Adler auf einer Reise nach Aberdeen plötzlich verstarb, schrieb Freud in gewohnt arrogantem Ton: »Für einen Judenbuben aus einem Wiener Vorort ist der Tod in Aberdeen, Schottland, eine unerhörte Karriere. Wirklich hat ihn die Mitwelt für das Verdienst, der Analyse widersprochen zu haben, reichlich belohnt.«

Die Gewinner schreiben die Geschichte. Und so wurden die Geschwistertheorien von Adler lange vernachlässigt. Adler arbeitete vor allem mit dem Begriff des »Minderwertigkeitskomplexes«. Er ging davon aus, dass die Geschwisterkonstellation dabei eine erhebliche Rolle spielt. Er erforschte die Neigung zur Überlegenheit bei den Erstgeborenen – dazu hatte er mit den beiden Sigmunds, Sigmund Freud und Sigmund Adler, ja reichlich Anschauungsmaterial. Er gab aber auch zu bedenken, dass die Ältesten, die ja mit ihren Eltern alleine sind, wenig Freiheit haben und dadurch auch bei ihnen Minderwertigkeitsgefühle entstehen können.

Wenn der Erstling mit seiner Prinzenrolle zufrieden ist – zumal der männliche Erstling –, hat er keinerlei Ambitionen, daran etwas zu ändern. Damit erklärte Adler die eher konservative Einstellung von vielen Erstgeborenen. Erst wenn die Jüngeren den Anschein erwecken, sie könnten die Großen überholen, kommt es zu Konflikten und Kompensationen.

Mit diesen frühen Erkenntnissen ist Adler gar nicht so weit entfernt von den beiden US-Forschern Plomin und Leman. Geschwisterrang als Alleinerklärung für alles. Und auch in meinen Interviews, die ich mit Geschwistern führe, kommt meist als Erstes: »Ich als ältester/älteste Bruder/Schwester« – sogar wenn man die Geschwister gemeinsam befragt. Als ich Jörg und Daniel befragte, zwei sehr unterschiedliche Brüder, übernahm Daniel sofort die Führung: »Ich fang mal an, ich bin ja der Älteste.«

Professor Frick bestreitet nicht, dass die Rangfolge eine Rolle spielt. Und er findet das Buch von Plomin zwar »überholt, aber trotzdem wertvoll.« Immerhin gerieten damit die Geschwister in den 1990er Jahren, knapp hundert Jahre nach Freud, überhaupt in den Blick. Bis dahin ging es in der Psychologie, vornehmlich der Bindungsforschung, also primär um Mutter und Kind, sehr viel später auch um Vater und Kind. Nun also endlich: Geschwister!

Auch Frick nimmt in seinen Lehrerfortbildungen den Geschwisterrang in den Blick: Er fasst mal die Ältesten, mal die Mittleren, mal die Jüngsten in Gruppen zusammen. Aber dann wird es interessant. Und zwar mit der Frage »Wie habe ich meine Position empfunden? Welche Schlüsse habe ich daraus gezogen?« Für Frick gibt es »eine kreative, subjektive Komponente«. Das ist natürlich nicht so griffig wie Plomins Satz, dass »der erste führt, der zweite rebelliert«. Aber genau das scheint das Problem der modernen Geschwisterforschung zu sein: Einfache Theorien schaffen es sofort in die Medien. »Das hat der Forschung nicht gutgetan«, sagt der Professor. Komplexe Prozesse sind schwer in einen Instagram-Post zu verpacken.

Und komplex wird es auf jeden Fall, wenn man moderne Geschwisterforschung betreiben will. Nicht weniger als 21 »moderierende Faktoren« beeinflussen die Beziehung unter Geschwistern. Neben der Rangfolge sind es zum Beispiel Alter, Geschlecht, Abstand, aber auch Körperbau (»Wer ist größer?«), Krankheit und Erziehungsstil der Eltern. Auch das Thema Schönheit kommt in der Literatur immer wieder vor. Man denke an die wundervolle Familiensaga *Das achte Leben (Für Brilka)* der georgisch-deutschen Schriftstellerin Nino

Haratischwili. Sie hat ihre ältere Schwester »bis zur Weißglut geliebt«, aber sie beschreibt mehr ihre goldenen Haare als ihre Vorbildrolle als Ältere. Auch in der anrührenden Erzählung *Meine Schwester* der Kölner Fotografin Bettina Flitner spielt Schönheit eine große Rolle. Ihre Schwester hat sich mit 57 das Leben genommen, davon erzählt das Buch. Dabei spielt die möchtegern-libertäre Erziehung der Eltern, die Waldorfpädagogik und die Schönheit der Schwester durchgehend eine viel größere Rolle als Alter und Rang.

Aber wie soll man so viele Faktoren, die sich auch noch wechselseitig bedingen, nun überhaupt erforschen? Der Zürcher Psychologe seufzt. »Da stehen wir noch ganz am Anfang. Es gibt ja noch nicht mal einen Lehrstuhl für Geschwisterpsychologie.« Ihm zufolge gab es im Jahr 2019 den ersten Bindungskongress in Deutschland, bei dem es explizit auch um Geschwister ging, und nicht nur um Eltern und Kinder.

Was man jetzt machen müsste, sei »qualitative Einzelfall-Forschung«, sagt Jürg Frick. Man müsste Geschwisterpaare oder -gruppen über ein ganzes Leben begleiten, dann könnte man viel viel mehr Faktoren berücksichtigen. Klingt teuer und wird bislang nicht gemacht. Teuer klingt immerhin so, als könnte gerade die reiche Schweiz sich da hervortun. Vor einigen Jahren gab es ein ähnliches Forschungsdesign: Der leider viel zu früh verstorbene Kinderarzt Remo Largo initiierte 1954 die Zürcher »Longitudinalstudien«, die bis 2005 andauerten: Mehr als 900 Kinder wurden von der Geburt bis ins Erwachsenenalter begleitet, von Entwicklungsforscherinnen und Statistikern. Ein ambitioniertes Vorhaben, bei dem es vor allem um motorische und psychische Entwicklung ging.

Ich habe Remo Largo in diesen Jahren öfter interviewt, für *Brigitte* und für *chrismon*, und er hatte aus dieser Studie immer ermutigende Geschichten zu erzählen. Wie das eine Kind erst mit zwei laufen lernt und das andere schon mit drei Zahlen schreibt. Und wie normal das alles ist, weil – das konnte er durch seine Forschung gut belegen – Kinder sehr unterschiedlich sind in ihrer Entwicklung. »Das Gras wächst nicht schneller, wenn man daran zieht«, war so ein typischer Largo-Satz.

Aber ein ähnliches Vorhaben gibt es leider nicht für die Geschwisterforschung. Zu aufwendig. Also gibt es immer nur punktuell Forschung zu einzelnen Spezialfragen. Zum Beispiel zur Frage der Intelligenz. Mehrere Studien – unter anderem an der Universität Leipzig – wollen herausgefunden haben, dass der Intelligenzquotient (IQ) mit jedem nachgeborenen Kind sinkt. Das könnte daran liegen, dass die Älteren den Jüngeren die Welt und die Multiplikation erklären und dabei selber profitieren.

Besonders schön beschreibt das die bereits erwähnte britische Schriftstellerin Elena Lappin, die ihrem sechs Jahre jüngeren Bruder mit Feuereifer Geschichten vorliest. »Als ich selbst zu lesen begann, entzündete sich sofort meine Fantasie: Jede Geschichte, die ich las, ließ mich an eine andere, nicht erzählte und nicht gelesene denken. Maxim war der erste Adressat dieser Einfälle, mein erster Zuhörer. Einen Zuhörer zu haben, ist eine sehr ernste Verpflichtung: Sie lehrte mich, jeden Einfall zu einem angemessenen Abschluss zu bringen und sein Interesse dabei von Anfang bis Ende wachzuhalten.« Keine Frage, diese große Schwester hat enorm von ihrer Rangfolge profitiert.

Aber kann man das wirklich verallgemeinern? Was hält Jürg Frick davon, der ja viel in Schulen unterwegs ist? »Dafür gibt es ganz viele Gegenbeispiele«, winkt er ab. »Entscheidend ist doch: Macht die ältere Schwester das gern? Ist sie gerade selbst verliebt oder traurig? Und was ist, wenn der kleine Bruder plötzlich schlauer wird als sie?« Er hält nicht viel von einer isolierten IQ-Forschung, zumal allein die Definition und Messung des IQ in der Forschung höchst umstritten ist.

Zeit für die Rückfahrt nach Zürich. Nein, eine neue Schlagzeile wie »Die Jüngeren sind die Dummen« habe ich leider nicht mitgebracht aus Uerikon. Dafür eine Erkenntnis, die vielleicht mehr wert ist als einfache Weisheiten: Es gebe, sagt der Forscher, viele Faktoren, und viele könne man auch nicht ändern. Man ist nun mal der Jüngste, die Kleinere, hat vielleicht eine schlechtere Schulbildung von den Eltern mitbekommen. Aber nichts davon determiniert uns für alle Zeiten.

Der Professor erzählt einen letzten Fall aus seiner Beratungspraxis. Ein reicher Schweizer Unternehmer schickte ihm vor vielen Jahren den ältesten Sohn in die Beratung, der unbedingt später die Firma übernehmen sollte. Der wehrte sich, brach die Schule ab, nahm Drogen. Ein scheinbar aussichtsloser Fall, denn den Beraterrat, man könnte doch die Tochter zur Nachfolgerin machen, wollte der Vater nicht hören. »Und neulich sehe ich den ehemaligen Jungen in der Zeitung. Er ist Koch geworden und kocht in einer Integrationseinrichtung.« Dass er sich darüber freut, kann man ihm ansehen.

Frick zitiert den österreichisch-französischen Sozialpsychologen Manès Sperber, einen zeitweilig engen Mitarbeiter von Alfred Adler. Sperber, der 1984 den Friedenspreis des Deutschen Buchhandels bekam, sagte damals in seiner Preisrede: »Man braucht nicht erlernen, ein Sklave zu sein, aber um ein wirklich freier Mensch zu werden, bedarf es einer langen Lehrzeit.« Das passt schon ganz gut zu der Grundauffassung des Schweizer Experten. Ein freier Mensch macht sich nicht ein Leben lang davon abhängig, wie die Eltern ihn erzogen haben, ob er nun Nesthäkchen oder Erstgeborener ist oder eine ausgezeichnete Schulbildung genießen durfte oder die Schule abgebrochen hat. »Entscheidend im Leben ist nicht, was mir widerfahren ist«, sagt Frick, »sondern, was ich dann daraus gemacht habe.« Ein guter Satz. Er klingt viel besser als dieses vergilbte Buch, das ich jetzt getrost wieder zurück ins Regal stellen kann: *Geschwisterkonstellationen: Die Familie bestimmt*

Ihr Leben. Was für ein grässlicher Satz, wenn man mal länger drüber nachdenkt. »Lernen, ein freier Mensch zu sein« klingt viel besser.

Wo ist dein Bruder Abel?

Wie Kain, Abel und Aschenputtel in unserem kollektiven Gedächtnis wohnen. Auf der ganzen Welt prägen uns Geschwister aus Bibel, Koran und der Märchenwelt

Es gibt Sätze aus der Bibel, die auch bei Menschen klingen, die sich längst vom christlichen Glauben und den Kirchen entfernt haben. »Wo ist dein Bruder Abel?«, wird Kain, Sohn von Adam und Eva, von Gott gefragt. Der Ackerbauer Kain hat seinen jüngeren Bruder Abel, den Hirten, aus Neid erschlagen. Es ist der erste dokumentierte Mord der Menschheitsgeschichte – und ein Tabu.

Meine Schwester und ich sind mit vielen biblischen Geschichten aufgewachsen. Wir gingen zwar nicht oft in die Kirche, aber wir verbrachten die Sommerferien immer bei unseren Großeltern in Friedrichshafen am Bodensee, und der Opa war eben ein frommer Mann. Aus dem Bombenhagel im April 1944 hatte er drei dicke Bücher gerettet: Das Alte Testament, das

Neue und ein Buch mit Geschichten. Immer wieder hörten wir seine Erzählungen aus dem Krieg, die komplette Innenstadt und auch sein Haus waren zerstört worden: 185 000 Brandbomben, 580 Sprengbomben und 170 Luftminen, ein Inferno. Aber die Bibeln, er nahm es als Zeichen, hatten überlebt, zwischen Trümmern und Asche.

Also saßen meine Schwester und ich meist müde und ungeduldig abends bei den Großeltern am Couchtisch. Später, so war die Regel, durften wir fernsehen. Aber zunächst wurden nach dem Abendessen die dicken Bücher auf den Esstisch gepackt, die in Ölpapier eingeschlagen waren. Wir lauschten den Geschichten von Jonah und dem Wal. Von Herodes und dem Kindermord. Und natürlich auch von Kain und Abel. Auch wenn wir oft nur mit halbem Herzen dabei waren und unter dem Tisch Faxen machten, um die andere zum Lachen zu bringen – es wird sich schon einiges eingeprägt haben.

Zum Beispiel das Tabu: Ältere Geschwister dürfen den jüngeren nichts antun. Ältere Geschwister müssen auf ihre jüngeren Geschwister aufpassen.

Ich kann mich an einen der wenigen wirklich großen Zornesanfälle meiner ansonsten sehr geduldigen Mutter erinnern. Ich muss ungefähr sieben Jahre alt gewesen sein, meine Schwester etwa zehn. Sie hatte mit ihren Freundinnen ein Spiel angezettelt, eine Mutprobe: Bei jeder Haltestelle, an der unser Schulbus anhielt, sprangen die Mädels raus und stiegen erst wieder ein, wenn die Türen sich schlossen. Ich als kleine Schwester, die immer im Schlepptau von Biggi war, machte natürlich mit, und irgendwann passierte es: Ich schaffte das Einsteigen nicht mehr. Der Bus schloss die Türen, fuhr los, und in Torkenweiler stand meine Mutter und fragte Biggi: Wo ist deine Schwester? Es ging alles gut aus, andere Eltern griffen mich auf und fuhren mich nach Hause. Aber meiner Schwester ging die Frage durch Mark und Bein: Wo ist Ursula? Wo ist deine Schwester?

Wo ist dein Bruder Abel?

Ich bin sicher, unsere Generation hat diese Geschichten in ihrem kollektiven Gedächtnis, auch wenn kaum eine von uns sie noch auswendig erzählen kann. Viele biblische Geschichten sind brutal und blutrünstig. Zum Beispiel die von Absalom und Tamar, Kinder des Königs David. Absalom soll seine jüngste Schwester Tamar beschützen, doch diese wird vom dritten Geschwister, dem Bruder Amnon vergewaltigt. Schließlich tötet Absalom den Täter, seinen Bruder.

Warum soll man sich mit diesen uralten Geschichten von Geschwistern befassen, Geschichten von Zusammenhalt und Rivalität, von Inzest und Mord? Margot Käßmann, die ein ganzes Buch über Geschwister in der Bibel verfasst hat, sagt: »Es sind diese Geschichten, die mich mit Menschen aus der ganzen Welt verbinden. Wenn ich nach Indonesien komme, wissen meine Gesprächspartner genauso, wer Kain und Abel war, wie wenn ich nach Tansania komme.« Auch wenn es altmodisch klingt, wenn Christinnen und Christen sich als »Geschwister im Glauben« begrüßen – es ist ein weltumspannender Code, der funktioniert.

Ähnliches gilt für Märchen, die Eltern seit Jahrhunderten ihren Kindern vorlesen. Und das nicht nur, um sie in den Schlaf zu wiegen, sondern durchaus, um sich selber zu vergewissern, schrieb schon Friedrich Nietzsche. »Wir meinen, das Märchen gehöre zur Kindheit. Wir Kurzsichtigen. Als ob wir in irgendeinem Lebensalter ohne Märchen und Spiel leben möchten!« Tatsächlich staune ich selbst, wie viele alte Märchen ich auch meinen Kindern vorgelesen habe. Klar, ich habe ihnen auch den Kleinen Ritter Trenk und den Kleinen Maulwurf vorgelesen. Aber oft genug – auch weil ich als Erwachsene mich hineinfallen lassen konnte – las ich am Bett meiner Kinder die Märchen von Hänsel und Gretel oder Aschenputtel vor.

Im deutschsprachigen Raum kennen wir vor allem die Märchen der Brüder Grimm, die ihrerseits ein brüderliches Team waren. Jacob und Wilhelm Grimm sammelten Anfang des 19. Jahrhunderts Hunderte von Volkserzählungen und schrieben daraus große Weltliteratur.

Geschwister spielen darin fast immer eine Rolle. Entweder sie halten feste zusammen oder sie stehen in brutaler Konkurrenz zueinander. Schwestern und Stiefschwester spielen »Good Girl« und »Bad Girl« – so in Frau Holle oder in Dornröschen. Oft halten aber auch die Geschwister in misslicher Lage zusammen, weil sie Hunger haben wie bei Hänsel und Gretel. Oder weil sie von einer bösen Frau verfolgt werden wie in der Geschichte vom *Fundevogel*.

Die Märchenforschung hat in den letzten Jahren diese Geschwisterbeziehungen nach allen Regeln der Kunst auseinandergenommen. Warum, zum Beispiel, gewinnt in 93 von 100 Grimm'schen Märchen der oder die Jüngste? Das Nesthäkchen ist insgesamt viel beforscht worden, auch in der Bibel sind die witzigen, die originellen oft die Jüngsten: Isaak, Joseph, Aaron. Und ist es nicht David, der jüngste von acht Brüdern, dem erst nichts zugetraut wird – als Nesthäkchen wurde er von der Mutter verzärtelt, so schreibt es Margot Käßmann. Doch genau dieser David bezwingt mit einer List – nicht mit Körperkraft, nicht mit Kampferfahrung – den viel stärkeren, größeren, mächtigeren Goliath. »Wahrscheinlich war es die Erfahrung, Jüngster von acht Brüdern zu sein, die ihn List und Beharrlichkeit gelehrt hat«, vermutet Käßmann.

Warum kommen in den Geschichten durch die Jahrtausende hindurch so viele Nesthäkchen vor – und warum gewinnen sie meistens? Vielleicht, vermutete der große Kulturanthropologe Jan Assmann, liegt es daran, wer die Geschichten weitergetragen hatte, bis die Grimm-Brüder sie endlich aufschrieben.

Es waren oft chancenlose Außenseiter, die der Schriftsprache nicht mächtig waren. Diese Unterprivilegierten mögen den Kleinen, den ebenfalls Chancenlosen, das gute Ende zugedacht haben. Als Ausgleich zum richtigen Leben, denn jahrhunderte-, wenn nicht jahrtausendelang waren es ja die Ältesten, die Hof und Feld erbten. Die Jüngsten bekamen oft nichts – ein Happy End gab es für sie eben nur im Märchen.

Selbst dann, wenn sie nicht besonders helle waren, wie in der Geschichte vom *Singenden Knochen*. Da geht es um drei Brüder, »davon war der älteste listig und klug, der zweite von gewöhnlichem Verstand, der dritte und jüngste aber war unschuldig und dumm.« Der dritte bekommt darin am Ende die Königstochter. »Dummlingsmoral« nennt man das. Wobei ich als Nesthäkchen sagen muss – Dummling klingt wie Däumling, Flüchtling oder Schädling. Auch nicht besonders glamourös.

So seltsam uns die alten Geschichten vorkommen, so lagern sie doch in unserem Unterbewussten und prägen das kollektive Gedächtnis unserer Gesellschaft. Und wer sagt eigentlich, dass es bei den alten Geschichten bleiben muss? Längst finden sich überall im Land Märchenerzählerinnen und Barden, die neue Geschichten erfinden. Im katholischen Kindergarten, den meine Kinder besuchten, trat regelmäßig eine Märchenerzählerin aus dem benachbarten Altenheim auf. Sie war als Kind selbst in diesem Kindergarten gewesen und wusste, wie wichtig das Zuhören ist.

Auch im Betreuten Wohnen meiner Mutter gibt es einen regelmäßigen Märchenvormittag. Und selbst in Flüchtlingsheimen treten regelmäßig Geschichtenerzählerinnen auf, die alte und moderne Geschichten von Aleppo bis Accra darbieten. Wie schön, wenn Brüderlein und Schwesterlein darin neue Abenteuer bestehen und sich anders entwickeln dürfen, als die Brüder Grimm es aufgeschrieben haben. Der Fantasie sind keine Grenzen gesetzt.

Jetzt ist die Zeit

Warum wir Babyboomer jetzt wieder so viel mit unseren Geschwistern zu tun haben. Und warum wir das unbedingt nutzen sollten

»Alle meine Freundinnen«, sagt Semira, 59, »haben gerade Beef mit ihren Geschwistern. Dabei hatten wir doch alle jahrelang gar nichts zu tun mit ihnen!« Das ist übertrieben, und Semira hat vermutlich eine selektive Wahrnehmung, weil sie selber so sehr darunter leidet. Sie kommt nicht darüber hinweg, dass ihr Bruder am Tag der Beerdigung das Haus des Vaters »besetzt« hat. Der Streit ums Elternhaus, ein immer wiederkehrendes Thema der Babyboomergeneration, deren Wirtschaftswundereltern so viele Häuser und Wohnungen gebaut haben wie nie zuvor. Ich verstehe, dass Semira das Gefühl hat: alle streiten.

Semira übertreibt vermutlich ein wenig. Bei den Notaren sitzen auch viele friedliche Geschwister, die sich entspannt und für alle Beteiligten gut auf eine Lösung der Erbfragen einigen.

Aber mindestens eines stimmt: man hat als Mensch mit Mitte fünfzig, Anfang sechzig wieder viel mehr mit seinen Geschwistern zu tun.

Das ist zunächst völlig normal. Wenn wir Mitte dreißig sind, sind wir mit unseren eigenen Kindern beschäftigt, mit dem Job, vielleicht auch mit dem Erwerb oder Bau einer Wohnung oder eines Hauses. Wir finden langsam unseren Platz im Leben, nach aufregenden und wenig abgesicherten Jahren der Ausbildung, des Einstiegs in den Beruf und nicht selten auch vielen Wohnortwechseln. All das ist mit Mitte fünfzig meist erledigt. Von Ausnahmen abgesehen, ist der Arbeitsplatz meist gesichert, das Nest gebaut und vielleicht auch schon abbezahlt, die Kinder sind fertig mit der Schule und ziehen selbst hinaus ins Leben.

Jetzt haben wir schlicht wieder mehr Zeit, uns um die Geschwister zu kümmern, denen es ganz ähnlich geht. Und in dieser Zeit gibt es viele Anlässe, sich zu sehen: Runde Geburtstage werden mit fünfzig und sechzig meist größer gefeiert als mit dreißig. Silberhochzeiten der eigenen Eltern sind auch schon möglich. Und leider oft auch schon Begräbnisse. Es gibt Reden und Darbietungen, es werden Filme gezeigt und Fotos, es wird an früher gedacht und Bilanz gezogen. Schon das beschert einem oft viel mehr Termine mit den eigenen Geschwistern, als man das die letzten Jahre gewohnt war.

Ich erinnere mich an den 55. Geburtstag von Jürgen, einem alten Freund, einem der Pioniere der Bioladenszene. Er feierte groß, und neben unzähligen Foodsharingaktivisten und Ökobäuerinnen traf ich dort auf Detlef, seinen älteren Bruder, von dem er mir nie erzählt hatte. Detlef passte schon vom Outfit her nicht recht zum ziemlich alternativen Rest der Festgesellschaft, er trug Anzug und Krawatte und wunderte sich, dass es am Grill nur Tofu gab. »Wie, keine Spareribs?«

Ich habe mich dann länger mit Detlef unterhalten und viel über die gemeinsame Kindheit der beiden Brüder erfahren: Wie sie beide in einer streng katholischen Siedlung aufgewachsen waren, wo die Mutter schief angesehen wurde, weil sie nach dem Tod des Vaters wieder jemanden kennenlernte. Detlef blieb mit der Mutter bis zu deren Tod in der Siedlung wohnen, lernte Versicherungskaufmann und war in der Gemeinde aktiv. Der andere, mein Freund Jürgen, entfloh der von ihm als beengend empfundenen Siedlung, trat aus der Kirche aus, zog in die Großstadt und wurde Ökoaktivist. Zur großen Verwunderung von Detlef schloss er keine einzige Versicherung ab, Detlef hält ihn für »unversicherbar«.

An dieser Stelle dachte ich – warum ist er wohl zum 55. Geburtstag überhaupt gekommen, wenn ihm das Milieu des Bruders so fremd ist? Da erzählte mir Detlef, er habe neulich in seiner Lokalzeitung ein Foto von Jürgen gefunden. Nicht im redaktionellen, sondern im Anzeigenteil. Jürgens Ökolabel hat es nämlich jetzt ins Sortiment von Aldi geschafft. Da hat er Jürgen nach langer Zeit spontan mal wieder geschrieben und Jürgen hat ihn zu seinem Geburtstag eingeladen. Was für ein schöner Anlass, sich den Geschwistern wieder anzunähern.

Neben erfreulichen Anlässen wie runden Geburtstagen oder Hochzeiten der Kinder gibt es in der zweiten Lebenshälfte aber auch für fast alle von uns Krisen, die in dieser Lebensphase ganz normal sind: Die alten Eltern werden pflegebedürftig und es stellen sich viele Fragen: Können sie in ihrem vertrauten Zuhause bleiben? Sollen sie ins Heim? Und wenn ja, was passiert dann mit der elterlichen Wohnung oder dem Haus? Behalten? Verkaufen? Wer räumt es aus? Probleme, die Geschwister gemeinsam lösen müssen.

Wenn die Eltern dann sterben, geraten fast alle Geschwister in eine tiefe Krise. Man ist jetzt selbst plötzlich nicht mehr Kind. Sondern alt. Zu der Trauer kommt der Stress, sich um die Beerdigung und eine passende Grabstelle zu kümmern. Es kann ums Erbe gestritten werden. Und in vielen Familien brechen erst jetzt tiefe Konflikte auf. Als ob die Eltern bis zum Schluss alles zusammengehalten hätten.

»Ich bin ganz sicher«, sagt zum Beispiel Claudia, »wenn meine Mutter noch leben würde, wäre das alles nicht passiert.« Ich besuche sie in ihrem Elternhaus in Garmisch-Partenkirchen. Es ist Karsamstag, alle drei Schwestern sind zusammengekommen. Aus München, aus Nürnberg, aus Memmingen. Sie wollen morgen früh zusammen zum Berggottesdienst auf den Gipfel wandern. Ich habe Claudia vor Jahren bei einem Yogakurs in den Alpen kennengelernt. Am Ende der Stunde seufzte sie jedes Mal, nachdem sie ihr Handy wieder angestellt hatte: »Die Kloa will schon wieder auf den Berg.« Die »Kloa« ist das Nesthäkchen, ich lerne sie an Ostern endlich kennen, sie ist Lehrerin wie Claudia. Und ich finde es zunächst lustig, dass diese drei Frauen offenbar immer um die Wette auf den Berg rennen.

Als ich das wunderschöne Fachwerkhaus mit Blick auf die Zugspitze betrete, denke ich, die Mutter sei erst gestern gestorben. Auf der Toilette klemmt noch eine Sitzerhöhung, an der Treppe ist ein Treppenlift befestigt, eine *Frau im Spiegel* liegt auf dem Couchtisch neben einer Lesebrille, als sei die Mutter nur mal eben kurz aus dem Zimmer gegangen. Dabei ist ihr Tod schon ein ganzes Jahr her. Und seither sind alle drei Schwestern – jede für sich – in eine kleine bis mittlere Sinnkrise geraten.

Sie sind alle drei Lehrerin geworden – ein Beruf, von dem die Mutter immer geträumt hatte und den sie leider nie ergreifen durfte. Die älteste wurde Sonderschullehrerin, die zweite Realschullehrerin, die jüngste Gymnasiallehrerin. Rein formal ging es mit jedem Kind eine Stufe bergauf. Jetzt ist die Mutter gestorben und die Schwestern sind in der Mitte des Lebens.

Alle drei haben ganz offenbar Probleme damit, eine Antwort auf die Frage zu finden: Wer bin ich, wenn nicht die Tochter meiner Mutter?

Diese Frage kann schmerzvoll sein, und nicht jeder hat einen Berg vor der Nase, an dem er oder sie sich erst mal abarbeiten kann. Viele Geschwister geraten in einer solchen Situation in eine ernsthafte Krise. »Die wiederkehrende Inszenierung der alten Rivalitäten erweist sich letztlich als destruktiv«, schreibt der Geschwisterexperte Jürg Frick, »weil sie in alte Rollen zurückfallen und Energien für letztlich nutzlose Kämpfe mobilisieren.« Besonders in Stresszeiten gelte das, so der Psychologe: »In Phasen der persönlichen Belastung ist das Selbstwertgefühl eher bedroht und man fällt in alte Muster zurück.«

Das stimmt bei fast allen Geschichten, die mir für dieses Buch erzählt wurden. Fast immer hat der Geschwisterkonflikt seinen Auslöser in einem Moment größter Belastung: Die Mutter wird dement, der Vater stirbt – das sind oft die Situationen, in denen es kracht. Wir werden viele solcher Geschichten im Laufe des Buches anschauen und immer überlegen, wie man trotz dieser Krisenmomente im Leben mit den Geschwistern zusammenarbeiten kann – anstatt gegen sie in den Krieg zu ziehen.

An dieser Stelle sei mir kurz erlaubt, meine eigene Situation klarzumachen: Ich bin erfahrene Journalistin, habe eine leitende Position in meiner Redaktion, ich bin Mutter, Tochter, Schwester und Ehefrau. Aber ich bin keine Psychologin. Ich habe mich beim Schreiben dieses Buches deshalb eng begleiten lassen. Unter anderem von Michael Bruckner, einem erfahrenen Ehe-, Familien-, und Lebensberater. Er hat über 25 Jahre lang die Beratungsstelle für Familien- und Lebensfragen der katholischen Kirche in Düsseldorf geleitet. Ich kenne ihn, weil ich vor einiger Zeit die Jubiläumsfeier dort moderiert habe. Was mir gut gefallen hat an der Feier in Düsseldorf: Die Psychologinnen und Berater – vielfach geschult und mit Zertifikaten dekoriert – gehen einfühlsam, sehr wertschätzend und würdigend auf die Ratsuchenden ein. Und auch bei der Feier selbst wurde improvisiert: Eine Impro-Truppe aus Köln spielte spontan Szenen, die in den Reden vorkamen. Das hat mir alles zusammen sehr gut gefallen und passt zu mir – auch ich reagiere gerne schnell und versuche, Dingen, die scheinbar unausweichlich in eine Richtung laufen, mit Spontanität einen neuen Twist zu geben.

Von Michael Bruckner habe ich ein Konzept für dieses Buch übernommen, das mir gut gefällt: Das Konzept der offenen Einladung. Wie schön wäre es, wenn die drei Schwestern in Garmisch das Elternhaus betreten und die im Raum stehende Einladung verspüren: Wir können jetzt wieder in unseren Wettkampf verfallen. Wer ist die beste Lehrerin im Land? Wer ist am schnellsten auf dem Gipfel? Und sie die Einladung aber nicht annehmen. Eine Einladung kann man ausschlagen. Man kann sagen: Vielen Dank, aber heute nicht. Heute gehe ich nicht an den Start, ich bleibe auf den Zuschauerrängen.

Das ist schwer, keine Frage, und oft kommen gerade in Krisenzeiten noch andere Faktoren hinzu: Oft haben Geschwister inzwischen Partner, die ihre eigene Rolle im Beziehungsgeflecht der Familie spielen. Im besten Fall trösten und unterstützen sie. Doch manchmal gießen sie auch Öl ins Feuer. Oder, um im Bild zu bleiben, schicken den Ehepartner oder die Partnerin immer wieder neu ins Rennen.

Ich habe im letzten Sommer eine Familie besucht, die sich über den vermeintlich simplen Text der Trauerkarte so zerstritten hatte, dass einige von ihnen nicht zur Trauerfeier kamen. Und das alles, weil der Ehemann einer Schwester behauptete, die Verstorbene sei doch eine lebenslustige Person gewesen, drum könne es auch eine bunte Trauerkarte mit einem lockeren Spruch geben. Die verstorbene Mutter hatte drei Kinder von drei Männern, war als Kind vom eigenen Onkel vergewaltigt worden. Die Tochter, mit der ich für dieses Buch sprach, hatte viele Therapien gemacht, um mit dem Trauma der Mutter, das auch zu ihrem eigenen geworden war, fertigzuwerden. Als im Moment der großen Trauer ausgerechnet der Schwager sagte: »Vielleicht hat's ihr ja Spaß gemacht? Lasst uns doch eine bunte Karte drucken« – da kam es zum Bruch der Geschwister.

Wie klug wäre es gewesen, der Schwager hätte sich in diesem Fall zurückgehalten. Auf das Thema »Schwager« gehen wir später noch einmal ein. Leider spielen die angeheirateten Familienmitglieder oft eine wenig hilfreiche Rolle.

Ich bin froh, dass ich aber auch Geschwister gefunden habe, die sich trotz alter Konflikte und trotz tiefer Trauer wieder miteinander versöhnt haben. So wie die Hebamme Kerstin, die nach dem Tod der Mutter mit ihren Schwestern zusammen den legendären Friseursalon der Mutter weiterführen wollte. Die drei haben bald gemerkt – geht nicht. Zu viele alte Rollen, zu viele Verstrickungen aus der Kindheit. Und haben eine gute, erwachsene Lösung gefunden. Aber dazu später mehr.

Wohl der Familie, die sich in einer scheinbar ausweglosen Situation Rat und Unterstützung sucht. Beispielsweise bei Katharina Mosel, einer Fachanwältin für Familien- und Erbrecht und ausgebildeten Mediatorin, die ich für dieses Buch mehrfach interviewt habe. Am runden Tisch in ihrer Kölner Kanzlei werden dann erst einmal alle Seiten gehört. Ohne Unterbrechung. Natürlich werden dabei auch alte Geschichten ausgegraben. »Ich hatte mal eine Handwerkerfamilie«, erzählt sie, »da hat die Schwester es nie verwunden, dass der Vater jeden Tag um 17 Uhr allen Kindern ein Milky Way schenkte. Nur ihr nicht.« Diese Schwester, inzwischen Mitte sechzig, war darüber so verbittert, dass sie beim Streit ums Erbe sagte: Jetzt geht's mal nach meiner Pfeife.

Bei der Mediation geht es immer darum, eine erwachsene Lösung zu finden. »Raus aus dem Sandkasten«, sagt die Anwältin. Sie weiß, nach Dutzenden von Mediationen, dass das keine leichte Aufgabe ist, die sie da von den Geschwistern verlangt. Die Juristin ist auch Scheidungsanwältin und sie macht die Erfahrung: »Scheidungen gehen ans Herz. Geschwisterstreit geht direkt in den Bauch.« Wenn es gar nicht vorangehen will mit dem Geschwisterstreit, dann sagt die erfahrene Juristin deshalb: »Hört nicht auf euer Herz, hört auf euren Magen.«

»Wenn der hier an die Tür klopft, drehe ich den Schlüssel zweimal rum.«

So zerstritten können Geschwister sein

Gerd ist erfolgreicher plastischer Chirurg, ich treffe ihn nach Feierabend in seiner Praxis.

Gerd ist ein lustiger Typ, redet schnell, nimmt Patienten gern in den Arm, ist eine Seele von Mensch. Die Praxis sieht aus wie auf Instagram Wellnessoasen aussehen müssen. Weiße Ledersessel im Warteraum, hohe grüne Pflanzen, Loungemusik im Hintergrund. Dieser Mann hat es geschafft im Leben, er erwähnt schon zu Beginn unseres Gesprächs, dass er mehrere Porsches und Häuser sein Eigen nennt.

Und doch hat er sich mit beiden Brüdern zerstritten und es ging auf den ersten Blick nur um Geld. Von dem er, Gerd, eindeutig am meisten besitzt.
    Er ist der jüngste von drei Brüdern. Mit dem ältesten Bruder Hans hat er sich zerstritten, weil der vom Konto der de-

menten Mutter Geld abgezweigt haben soll, so zumindest der Vorwurf. Vor Gericht streiten sich die Brüder um einen sechsstelligen Betrag, der auf dem mütterlichen Konto fehlt. Am Ende streiten sich die beiden dann auch noch um die Beerdigungskosten.

Mit dem mittleren Bruder Michael hat Gerd den Kontakt abgebrochen, weil der in der gemeinsamen Praxis immer weniger Patienten geschafft habe, nur noch elf Prozent zum Umsatz beitrug. Irgendwann, sagt Gerd, fiel den Helferinnen auf, dass Michael einer Patientin anbot, ihre Brust noch mal zu operieren, die schon Gerd unter dem Messer gehabt hatte. »Das mach ich Ihnen schöner als mein Bruder«, soll er der Frau gesagt haben. Hilfe.

So richtig knallte es aber zwischen den Brüdern, als die beiden älteren von der Großwildjagd aus Namibia zurückkamen und die Trophäen vom Spediteur abgeholt werden mussten. Abgemacht war: Der Jüngste, Gerd, hat einen SUV, er soll die Jagdtrophäen abholen. Nicht abgemacht war, dass er dem Spediteur dafür mehrere Tausend Euro bezahlen musste. Es kommt zum Bruch.

An diesem Abend in der nur noch spärlich beleuchteten Praxis zwischen Architekturmagazinen und Wassersprudler wird mir ganz flau beim Zuhören. Tausende von Euro, Leopardenschädel, falsche Brüste, SUVs. Mir schwirrt der Kopf.

Aber ich arbeite zu diesem Zeitpunkt schon eine Weile am Geschwisterbuch und ich ahne – es geht nicht wirklich ums Geld, es steckt ein anderer Wettbewerb dahinter. Die Mutter der drei Brüder war eine starke Person und alle drei buhlten um ihre Liebe. Das hat auch Gerd längst eingesehen. »Jeder von uns dreien wollte der Erste bei ihr sein.« Und dann fällt ihm ein, wie die geliebte Mutter einst Schokoladenpudding für die Kinder kochte. Den von Dr. Oetker, den man heiß in eine Puddingform füllte, eine Stunde hart werden ließ und dann auf einen großen weißen Teller stürzte. Und dann schnitt sie ihn in ungleiche Teile. Der Erstgeborene bekam das größte Stück. »Und ich habe mich immer geärgert: Warum der? Warum nicht ich?«

Gerd hat sich immer wieder gesagt: Auf den Hans musste die Mama, die lange nicht schwanger werden konnte, so lange warten. Ist doch klar, dass er ihr Augenstern wurde. Er weiß auch, dass er, der dritte in der Reihe, eher ein Verhütungsunfall gewesen war. Ein Wort, das ich leider oft höre in meinen Gesprächen. Klingt nicht schön. Aber wenn man es als Verhütungsunfall im späteren Leben zu so vielen Porsches und Häusern gebracht hat, kann man mit Ende fünfzig vielleicht seinen Frieden damit machen. Denke ich. Aber hier funktioniert es ja offenbar nicht.

Als ich den Fall dem Psychologen Bruckner erzähle, nickt er – so oft hört er diese Geschichten: »Mein Bruder war das lang ersehnte Kind. Ich war nicht so wichtig.« Was könnte Gerd denn nun tun? Er muss das Verhalten der Mutter ja nicht gut finden, er könnte aber versuchen zu verstehen. Erklären, nicht entschuldigen. Und überlegen, ob sein großer Bruder auch Nachteile hatte dadurch, dass die Mutter in ihn vernarrt war. »Augenstern sein, das bringt auch viele Aufträge mit sich«, sagt der Psychologe. Das weniger umsorgte Kind kann sich manchmal besser und freier entwickeln. Gerd könnte versuchen, dankbar für diese Freiheit zu sein.

Er geht dabei durchaus selbstkritisch mit sich ins Gericht. »Ich habe vieles versucht mit Geld plattzumachen«, sagt er, »aber irgendwann war's genug.« Er hat den Kontakt zu beiden Brüdern abgebrochen. Und schielt doch manchmal bei Facebook zu seinen Brüdern rüber. »Der Michael, der geht jetzt wieder jagen.« Seelenfrieden sieht anders aus.

Solche Geschichten habe ich immer wieder gehört. Geschichten von tödlicher Konkurrenz und Rivalität. Immerhin sieben Prozent aller Männer und fünf Prozent aller Frauen bekannten 2023 bei einer Umfrage des Instituts Kantar/Emnid im Auftrag von *chrismon*, sie hätten den Kontakt zu ihren Geschwistern komplett abgebrochen. Und jeder vierte Befragte hat zumindest mit einem Teil der Familie Zoff und bekannte bei der Umfrage: »Ich habe mehrere Geschwister – mit einigen läuft es super, mit anderen ist es schwierig.«

Nicht nur die Demoskopie, sondern auch meine Recherche hat ergeben: Es gibt deutlich mehr Geschwister, die sich lieben und schätzen. Die sich auch gegenseitig antreiben, davon aber profitieren. »Beobachten, bewundern, beneiden« – diese drei Konstanten nennt der Soziologe Tilmann Allert für gesunde Geschwisterbeziehungen. Normalerweise führen die drei Bs dazu, dass Menschen wachsen, dass Beziehungen sich entwickeln können.

Aber ich habe eben auch Geschwister getroffen, die total zerstritten sind. Ich traf zwei Schwestern, die sich noch am Sterbebett der Mutter versprachen, dass sie zusammenhalten und alles gerecht aufteilen würden – und am Tag der Beerdigung stellte sich heraus, dass das mütterliche Haus schon auf die Kinder der einen überschrieben war. Ich habe Brüder getroffen, die den Wettbewerb an ihre angeheirateten Frauen delegierten: Die eine machte der Schwiegermutter das Blumenbeet farbig und prächtig, bis die andere alles abrasierte. Dafür fing die andere, obwohl sie Vegetarierin war, an, das überwürzte Wildgulasch der Schwiegermutter zu loben.

Man könnte darüber lachen, wenn es nicht im Ergebnis so traurig wäre. Denn wer mit seinen Geschwistern zerstritten ist, so meine Erfahrung, bekommt nicht wirklich Ruhe. Selbst die Gesprächspartner, die mir sagten: »Das Kapitel ist für mich beendet«, hörten doch gar nicht auf zu reden. Termine, die ich mit zwei Stunden anberaumt hatte, dauerten zuweilen fünf. Es flossen Tränen an Stellen, an denen ich es nicht vermutet hatte. Und ein Gespräch, das ich extra nach Stuttgart verlegt hatte, weil die Interviewte dort ihre Schwester besuchte, endete damit, dass sie dann doch alleine ins Café kam. »Ich finde, meiner Schwester ist schon genug zugehört worden«, sagte die Frau, Mitte sechzig, siebtes von acht Geschwistern, »heute bin mal ich dran.«

Ich verstand zunehmend, was Katharina Mosel gemeint hatte mit ihrer Theorie, dass Geschwistergeschichten immer in den Bauch gehen. Doch am meisten von allen Horrorgeschwistergeschichten hat mich die von Klaus und seinem Bruder beschäftigt.

»Ich wünschte, er stürzt mit dem Flugzeug ab.«

*Wie eine Bruderliebe ins krasse Gegenteil umschlagen
kann – und jetzt alle nur noch von Ex-Brüdern sprechen*

»Sehen Sie das Flugzeug dort oben?« Ich sitze mit Klaus, Mitte fünfzig, in einem angesagten indischen Restaurant im Frankfurter Bahnhofsviertel. Eine Maschine nach der anderen zieht ihre Kondensstreifen über den dicht beflogenen Rhein-Main-Himmel. Seelenruhig sagt Klaus zu mir: »Ich wünsche mir manchmal, dass mein kleiner Bruder in so einem Flugzeug sitzt und abstürzt.«

Ich bin wie vom Donner gerührt. Kann kaum einen klaren Gedanken fassen. Puh. Abstürzt? Echt jetzt? Stirbt? Was bringt diesen sanften, friedfertig wirkenden Geisteswissenschaftler dazu, zwischen Mango Lassi und Vegetable Masala mal eben dem eigenen Bruder den Unfalltod an den Hals zu wünschen? Falls nicht per Flugzeug, so setzt Klaus – noch während ich nachdenke, wie ich darauf antworten soll – nach, könnte er sich alternativ auch vorstellen, dass der Bruder mit dem Lastwagen überfahren wird.

Es ist ein längere Geschichte, und sie hat auch damit zu tun, dass er heute Abend in Frankfurt sitzt. Lieber wäre Klaus jetzt in Hamburg, bei seiner Familie. Aber der Streit mit seinem Bruder hat unter anderem dazu geführt, dass er in kurzer Zeit einen sechsstelligen Betrag aufbringen muss. Und den kann er als freischaffender Forscher nicht so schnell verdienen. Drum malocht er Montag bis Freitag in der Nähe von Frankfurt, in der IT-Abteilung eines Großkonzerns. Anstrengend ist das, Montag fünf Stunden ICE, Freitag fünf Stunden ICE, die Nächte im seelenlosen Bahnhofshotel. Neulich musste er auch noch mitten in der Nacht das Hotel wechseln, wegen eines Schädlingsbefalls. Das hat ihm alles, so sieht er es, sein Bruder Lars eingebrockt.

In der Geschichte geht es um ein altes Haus. Ein Thema, das auch mich interessiert, seit ich mein eigenes Elternhaus ausgeräumt habe. Klaus managte das Haus und den örtlichen Geschichtsverein mit seinem kleinen Bruder, die Ziele: Sozialer und kultureller Erhalt, das Abwenden von Gentrifizierung.

Klaus und Lars sind die beiden jüngeren von drei Brüdern, wachsen Ende der 6oer Jahre auf. Der Vater ist Kunstlehrer, die Mutter Hausfrau, die Eltern sind kein gutes Paar. Klaus kann sich erinnern, dass die Eltern eigentlich immer »Rosenkrieg« hatten. Die Mutter war immerzu unzufrieden. Es ist die Zeit vor der großen Frauenemanzipation, womöglich war sie vor dem großen Sprung in die Selbstständigkeit und hat ihn einfach nicht geschafft, meint Klaus.

1964 kommt der älteste Sohn, Matthias, auf die Welt, 1968 folgt Klaus, 1971 schließlich Lars. An den Fotos im Familienalbum sieht man, wie sich Ende der 60er Jahre die Dinge rasant ändern. Matthias geht noch in einen evangelischen Kindergarten, die beiden Jüngeren in einen autonomen Kinderladen. Bis etwa 1970 sind alle noch ordentlich frisiert, danach fallen die Normen. Die Mutter trägt ab jetzt einen Bob mit Pony, Matthias' Gesicht verschwindet hinter Zotteln und einem dürren Vollbart. Selbst der Vater geht offenbar nicht mehr zum Friseur. Auch die Wohnung sieht jetzt unkonventioneller aus. Klaus erinnert sich an Picasso-Bilder mit obszön gespreizten Frauenbeinen. Es herrscht Aufbruchstimmung.

Die drei Söhne sind grundverschieden. Als Klaus sich und seine Geschwister beschreibt, fällt mir wieder einmal mein Besuch bei Professor Frick ein, der mir erklärte, dass Kinder manchmal in komplett unterschiedlichen Familien aufwachsen, wenn sich die Zeiten rasch ändern – wie in den 60ern – und der Abstand zwischen den Geschwistern hinreichend groß ist. Der Älteste, Matthias, rebelliert zwar in der Pubertät, hört die Stones und klebt Kaugummis unters teure Meissener Porzellan der Großmutter. Aber später ergreift er einen bürgerlichen Beruf, wird Vermessungstechniker in einer Behörde und bleibt in dem ganzen Drama, das sich später entspinnt, der vernünftige älteste Bruder.

Klaus selbst ist ein braves Kind, sortiert das Silberbesteck und das Meissener Porzellan, spielt Querflöte und hört klassische Musik. Mit Klaus' Geburt fällt in der Familie die Entscheidung, dass die Mutter jetzt wirklich nicht mehr arbeiten geht. »Den geb' ich nicht mehr her«, soll sie bei seiner Geburt gesagt haben. Sie stürzt sich voll in die Kindererziehung, schmeißt legendäre Kindergeburtstagspartys, schneidert ihrem Klausi die tollsten Karnevalskostüme. Mal darf er als Wolf gehen, mal als Putzfrau und mal als Raubkatze.

Der Jüngste, Lars, ist der Clown in der Geschwisterschar. Er erzählt als Kind am laufenden Band Möhrchenwitze und macht ständig Quatsch. Später wird er Bühnenbildner an einem freien Theater und trägt noch lange seine wilde Haarmähne. Als ich ihn im Zuge meiner Recherche anschreibe, antwortet er mit inversen Satzkonstruktionen wie ein Schauspieler. »Überrascht bin ich, doch nicht abgeneigt.« Als sei's ein Shakespearedrama. Lars ist ein Spieler.

Ich treffe Klaus im Jahr meiner Recherche für dieses Buch insgesamt viermal, dreimal in Frankfurt, wo er unter der Woche arbeitet, und einmal in seinem Reihenhaus in Hamburg-Ottensen. Ich treffe auch Lars. Allerdings nur einmal. Beide Brüder machen auf mich keinen glücklichen Eindruck. Aber Klaus scheint mir in dem Drama, das sich Stück für Stück entrollt, der Leidtragende zu sein. Wie tragisch, dass er, der Lieblingssohn der Mutter, so viel Last tragen muss, denke ich. Es war so gut gemeint von der Mutter, da bin ich mir sicher. Und doch hat sie ihm keinen Gefallen getan mit dem Vergöttern. Er hat es schwer, sein eigenes Leben zu gestalten.

Jahrelang sind sich die beiden Jüngeren viel näher als ihrem ältesten Bruder Matthias. Als ich Klaus beim Inder befrage, nehmen wir Salzstreuer, Pfeffermühle und Wasserflasche zur Hilfe: Ganz lange standen Klaus und Lars zusammen, der Älteste, Matthias, war weit entfernt. Heute ist es genau anders: Die beiden Großen, also Klaus und Matthias, stehen eng beieinander, der kleine Lars ist ganz allein.

Richtig eng schweißt die beiden jüngeren Brüder vor vielen Jahren ein gemeinsames Projekt zusammen: Sie renovieren das Wohnhaus der Oma. Klaus findet die Schatzsuche in der Familiengeschichte interessant, er fischt alte Kassenbelege aus den 30er Jahren aus Schubladen und er fängt an, Sozialgeschichte zu betreiben.

Lars hingegen ist eher politisch motiviert, er will eine Art Sozialprojekt aus dem Haus machen, die aktuellen Bewohner weiter zu Niedrigstmieten dort wohnen lassen. Außerdem hat er als professioneller Setdesigner Spaß an den vielen kleinen Dingen, die sie im Haus finden: Tassen, Teller, Spielsachen. Die Pläne fliegen hoch, man kann doch einen Verein gründen, andere Interessierte einladen, Gartenfeste feiern… ein Traum!

Der älteste Bruder hat an diesem Projekt kein Interesse und verzichtet auf seinen Erbteil. So legen die Jüngeren los, Klaus beginnt sogar ein Aufbaustudium in Museumswissenschaften, das ihm der kleine Bruder mit einem Darlehen sponsert. Die Doktorarbeit widmet Klaus »meinem Freund und Bruder«. Also Lars. Mit dem er heute, als ich ihn beim Inder treffe, so tödlich zerstritten ist.

2016 ist das Jahr, in dem sich alles wendet. Lars bekommt in diesem Jahr ein Kind. Und die alte Mutter wird dement. Das ist der Moment, an dem ich im Restaurant die Salz- und Pfefferstreuer umräumen muss: die Allianzen verschieben sich.

Wie immer ist der Älteste derjenige, der früh vernünftig sagt: Mutter muss ins Heim. Klaus versucht zunächst noch, einen Pflegedienst zu organisieren, ist aber letztlich auch dafür, es mit einem Heim zu probieren. Und Lars?

Er fühlt sich offenbar überrollt von den beiden großen Brüdern. »Die beiden waren plötzlich wie Stecker und Buchse.« Ich verstehe das Bild zunächst nicht, lasse es mir aber von dem gelernten Bühnentechniker erklären. Er meint: Die Interessen der beiden Großen passten plötzlich gut zusammen. Allzu gut in den Augen des Jüngsten, der sich seitdem ausgeschlossen fühlt. Er war doch immer der beste Buddy von Klaus! Und jetzt? Verbünden sich in seinen Augen die beiden Großen gegen ihn. »Matthias hatte keinen Bock mehr auf die Arbeit mit der Pflege – und Klaus hat alles an sich gerissen. Stecker und Buchse eben, der eine macht nix, der andere macht alles.« Und er, der Kleine, kommt gar nicht mehr vor.

Bald kommt die Mutter in ein Pflegeheim. Nur einen Monat später kommt es zu einer absurden Szene. Als die beiden älteren Brüder ins Heim kommen und die Mutter besuchen wollen, ist das Zimmer komplett leer geräumt. Lars hat die Mutter im Alleingang nach Hause geholt. Entführt, könnte man auch sagen.

Was hat er sich bloß dabei gedacht? Als ich Lars bei unserem Treffen nach dieser Nacht-und-Nebel-Aktion frage, hat er ein Lächeln um die Lippen. »Ja, die Entführung«, erzählt er, »das war wie in einem Film mit Audrey Hepburn.« Er hat es keinem vorher gesagt, damit die demente Mutter sich nicht verplappern kann. Er hat sie tatsächlich da rausgeholt, »und ganz kurz war sie richtig glücklich.« Eine »Scheißangst« habe er die ganze Zeit gehabt, sagt er, aber ein bisschen Abenteuerlust war wohl auch dabei. Eine Räuberpistole. Als er das erzählt, ist er für einen Moment ganz der Theatermann. Und für einen kurzen Moment hatte er ja offenbar auch den Applaus der Mutter.

Zuhause probiert sie es tatsächlich noch mal mit der Selbstständigkeit, es klappt nicht, nur wenige Wochen später wird eine amtliche Betreuerin bestellt, die schließlich einen Platz in einer Demenz-WG besorgt. Dort lebt die Mutter bis heute.

Wenn Lars seine Mutter besuchen will, ruft er vorher an, um auszuschließen, dass er zufällig einen seiner Brüder antrifft. Er sagt: »Meine Ex-Brüder.«

Es ist unmöglich zu ermitteln, an welchem Punkt genau das Zerwürfnis der drei begann, wer wem zuerst Anwaltsbriefe geschickt hat, wer sich im Ton vergriffen hat, wer gebrüllt hat. Lars sagt, Klaus habe sich schon als Kind vor Wut in seinen eigenen Arm gebissen und genauso cholerisch sei er jetzt auch wieder. Klaus sagt, Lars habe schon als Kind nur Quatsch gemacht, für den sei das alles doch nur ein Spiel gewesen. Ich möchte nicht für Geld und gute Worte Schiedsrichterin sein in diesem Kampf.

Gestritten wird nun, da man sich über die Pflege der Mutter entzweit hat, über Geld. Viel Geld. Über die Rückzahlung des Studiendarlehens, das Lars Klaus gewährt hat. Über die Unterhaltskosten für das Haus. Und schließlich über den Wert des Museumshauses, aus dem sich Lars nun herausziehen will.

Mit seinem Rückzug aus dem Hausprojekt trifft Lars seinen großen Bruder Klaus ins Mark. Das Haus! Sein Traum! Die Anwälte von Lars drohen mit Zwangsversteigerung. Klaus, der das Projekt unbedingt retten will, kann es nicht loslassen. Die Preise, die für das alte Haus aufgerufen werden, klettern immer höher, am Ende soll Klaus Lars auszahlen. Ein Betrag kommt ins Spiel, der für Klaus viel höher liegt, als es der Wert des Hauses in seinen Augen hergibt. Und dieses Geld versucht er nun, im Rhein-Main-Gebiet zu verdienen. Zumindest auf dem Papier verstehe ich an dem Abend im Frankfurter Bahnhofsviertel, warum Klaus seinen Bruder so hasst.

Klaus glaubt, dass der Bruder mit dem Geld nicht glücklich werden wird. »Das ist doch verfluchtes Geld, da klebt das Blut meiner Familie dran.« Und tatsächlich: Als ich Lars nach dem Geld frage, sagt er, er könne es wahrscheinlich eh nicht anrühren. Und das, obwohl er als freiberuflicher Bühnenbildner in prekären Verhältnissen lebt. »Ich werde nicht glücklich mit diesem Geld«, sagt er, »es passt nicht zu meinen Werten.«

Ich treffe ihn, wie gesagt, nur einmal, an einem schwülheißen Sommertag, von Westen ist ein schweres Gewitter am Anrollen. »Die Gewitterzelle steckt gerade noch über Holland«, hat er auf der Wetter-App beobachtet, und er müsse gleich seinen Sohn vom Hort abholen und ihm erklären, warum es gleich furchtbar donnern werde. Drama kann er. Er erzählt viel von seinem Sohn, ist erkennbar ein besorgter Vater. »Ich musste meine kleine Familie schützen vor dem Streit mit meinen Brüdern«, sagt er. »Nach jedem Telefonat mit Klaus war ich auf 180. Das hat sich dann auch auf meine Familie übertragen.« Er ist sich sicher: Seine beiden großen Brüder will er wirklich nie wiedersehen. Und er fügt hinzu, dass er auch nicht zur Beerdigung der Mutter gehen werde.

Klar wird aber an diesem schwülen Nachmittag in der Hansestadt: Er ist nicht nur der verspielte Kleine, als den Klaus ihn mir gegenüber dargestellt hat. Er kann auch sehr ernst sein. Zehn Stunden Coaching hat er absolviert. Dort hat er gelernt, wie schwer es ist mit erwachsenen Geschwistern. Dass man mit deren Kinder-Ich und deren Erwachsenen-Ich umgehen muss, dass neue Partner hinzukommen und Entwicklungen beschleunigen oder ausbremsen können, das hat er alles reflektiert. Er habe den Brüdern sogar eine Mediation vorgeschlagen.

Wer von den dreien sich psychologischer Hilfe verweigert hat, kann ich als Außenstehende nicht beurteilen. Aber ich bin sicher: Hier wären echte Profis gefragt. Ich bin nur Reporterin und muss heftig aufpassen, dass ich in dieser Sache nicht zur Schiedsrichterin gemacht werde.

Ich treffe Klaus, den nunmehr alleinigen Projektleiter des Museumshauses mit den hohen Schulden, ein letztes Mal, ebenfalls in Hamburg. Wir verabreden uns in einer Kneipe an den Landungsbrücken. Unten am Kai spielt ein unerträglicher Straßenmusiker »Bella Ciao« auf dem Akkordeon vor einer Schar Touristen. Ich komme von einer anstrengenden Tagung, er vom Volleyball, wir sind beide sichtlich müde.

Ich erzähle ihm, dass es dem kleinen Bruder auch nicht gut geht. Und sofort wird er laut: »Der hat immerhin mein Geld.«

Autsch, so laut habe ich ihn bisher nicht erlebt, lauter als die U-Bahn und der nervige Straßenmusiker zusammen. Ich muss an die Erzählung denken, dass er sich als Kind vor Wut in den Arm gebissen haben soll. Ich beende das Gespräch rasch, auch weil ich müde bin und wirklich in Sorge, zwischen die Fronten zu geraten.

Am nächsten Tag bedankt Klaus sich aber noch per Mail, dass ich bei ihm Empathie für seinen Bruder geweckt habe. Ich glaube, es gäbe eine Chance, aufeinander zuzugehen – wenn die Brüder mit therapeutischer Hilfe versuchen würden, sich in die Rolle des anderen einzufühlen. Es muss hart gewesen sein für den Kleinen, dass die beiden Großen die Mutter so schnell ins Heim brachten. Er fühlte sich nicht gesehen. Ja, es muss schrecklich sein für den Mittleren, dass der Kleine ihm sein Museumsprojekt wegnehmen wollte. Das Projekt mit dem Haus ist sein Traum, ein Traum aus Mauern.

Ich bin überfordert von der Rolle, in die ich mich da hineinmanövriert habe. Und will nicht Informationen vom einen zum anderen tragen – sonst werde ich wie der Bote im antiken griechischen Drama am Ende noch gemeuchelt. Aber aus diesem scheinbar ausweglosen Geschwisterstreit habe ich viel gelernt. Vor allem dies: Man kann den Kontakt zwar abbrechen, aber glücklich wird man dabei nicht. Es lohnt sich wirklich, über Wege der Versöhnung nachzudenken. Ich bin froh, dass ich viele Geschwister getroffen habe, die sich auf diesen

Weg gemacht haben. Und ich wünsche mir sehr, dass auch diese drei Brüder irgendwann einen Schritt aufeinander zugehen werden.

Das ganz normale Familientheater

Warum die große Tragödie zum Glück selten aufgeführt wird – aber doch recht häufig das kleine Drama

Die Geschichte von Klaus und Lars ist die extremste, die mir während meinen Recherchen begegnet, und sie hat mich lange beschäftigt. Den Ältesten, Matthias, habe ich übrigens nicht getroffen. Er hat sicherlich noch eine ganz andere Sicht auf die Dinge. Zum Glück kommt es eher selten vor, dass Geschwister einander so hassen, dass sie den anderen aus ihrem Leben komplett eliminieren. Mit allen finanziellen und juristischen Folgen. Von den seelischen Schäden, die dabei entstehen, ganz zu schweigen.

Viel häufiger kommt es vor, dass verdrängte Konflikte aus der Kindheit im späteren Leben wiederauftauchen und dann auch bearbeitet werden. Leider oft in Momenten von großem Stress oder tiefer Trauer. Solche »Buddelkastensyndrome«, so nennt es die Familienrechtlerin Katharina Mosel, können einen dann ganz schön beuteln.

Drei Grundkonflikte sind mir während der Recherche immer wieder begegnet:

- Geschwister, die in ihren alten Rollen verharren.
- Geschwister, die alte Rechnungen begleichen wollen.
- Geschwister, die alte Aufträge nicht erledigt haben.

In manchen Familien kann man alle drei Dynamiken gleichzeitig beobachten. Anstrengend!

Was ist diesen drei Konflikttypen gemeinsam? Es sind *alte* Dinge. Rollen, Rechnungen und Aufträge.

Die alte Rolle – an der halten manchmal nicht nur die Geschwister fest. Manchmal sind es auch die Eltern, selbst alt geworden, die ihre erwachsenen Kinder im Kindheitsschema festhalten. Das kennt man halt. Da fühlt man sich zuhause. Vielleicht sogar noch jung. Anwältin Katharina Mosel ist immer wieder erstaunt, wenn Menschen im Ruhestand immer noch als »die Kleine« oder »der Rebell« durchgehen. Einfach weil die Eltern sie ewig in dieser Rolle festgehalten haben. Dabei sind ja zwischen der gemeinsamen Kindheit und dem Termin bei der Anwältin nicht nur Jahrzehnte vergangen, sondern es wurden Berufe ergriffen, Familien gegründet, Krankheiten ausgestanden, Karrieren sind gelungen oder gescheitert. Niemand sollte dazu verurteilt sein, ewig derselbe oder dieselbe bleiben zu müssen.

Im Kinofilm *Wann kommst du meine Wunden küssen?*, einem Arthausfilm von 2022, kommt eine erfolglose, etwas abgerockte Filmregisseurin aus Berlin zurück auf den elterlichen Bauernhof in den Schwarzwald. Die kleine Schwester und ihre Freunde haben ihn liebevoll, aber auch unter großen Strapazen und Entbehrungen zu einem Ökobauernhof umgebaut. Die Große kommt, noch zugekifft von den Berliner Partys, mit dem Motorrad im Schwarzwald an, wirft ihre Tasche auf das Bett, in dem längst die fleißigen Ökobauern schlafen, und sagt wie selbstverständlich: »Ich schlaf in meinem Zimmer, wie immer!« Klar, die Große halt. Als hätte sie ein lebenslanges Wohnrecht aufs größte Zimmer.

Ob es nun das Zimmer ist oder eher seelische Räume, die man immer bewohnt hat – es kann anstrengend sein, wenn man mit vierzig oder fünfzig immer noch darauf beharrt. Wenn man dem alten Vater das Handy erklärt, weil man immer der Checker war, mittlerweile aber längst die kleine Schwester die Lebenspraktische ist. Wenn man sich ewig im Nesthäkchenmodus befindet und zuhause alle Wäsche vor die Maschine wirft – dabei kann die Mutter die moderne Waschmaschine schon gar nicht mehr bedienen. Wenn man dem kleinen Bruder, der seinen Fünfzigsten feiert, am Abend vorher anruft und sagt: »Hast du an die Tischkarten gedacht?« Dabei managt der »Kleine« inzwischen die Hauptabteilung Fortbildung einer großen Gewerkschaft.

Wenn es gut geht, kann man über solche Dinge gemeinsam herzlich lachen. Es hat etwas Komisches, wenn man seine älteren oder jüngeren Geschwister, die doch längst schon graue Haare und Falten haben, bei solchem Kinderkram ertappt. Oft sind Geschwister grundverschieden. Eine war immer die Vernünftige und eine andere immer die Chaotin.

Ich habe bei der Recherche für dieses Buch zwei Schwestern, Susanne und Stephanie, getroffen, die noch zwei weitere Geschwister haben. Sie lachen, sind herzlich miteinander und irgendwie trotzdem komplett unterschiedlich. Von den vier Geschwistern waren zwei immer brav und ordentlich, erzählen sie mir, haben zum Gefallen des strengen Vaters gemeinsam musiziert und erfolgreiche Berufe ergriffen. Die andern beiden haben »nicht mal eine Triangel angefasst«, lacht Susanne. Sie wurden Schauspieler und Künstler. »In unserer Familie gibt es eben Typ eins und Typ zwei.« Und als es darum ging, die alten Eltern zu pflegen, setzten sich die vier zusammen und besprachen vernünftig: *Wer* kann *was*? Und schnell war klar: Die Last kann nicht bei Typ eins, den organisierten und braven, hängen bleiben. Die Geschwister vom Typ zwei müssen auch mit anpacken. So geht erwachsen werden.

Wenn das alte Familientheater nicht mehr harmonisch spielt, ist es Zeit, sich zusammenzusetzen. Man erzählt sich Anekdoten, schaut sich alte Fotos an, erforscht, welche Aufträge jedes Geschwister von Zuhause ins Leben mitgenommen hat.

Und freut sich, dass die Rollen zwar unterschiedlich verteilt waren, man sich aber doch im Laufe seines Lebens verändert. Wie man so ein Treffen angeht, erkläre ich im übernächsten Kapitel.

Neben alten Rollen sind es oft alte Aufträge, die aus der Kindheit liegen geblieben sind. Unerledigtes. Und Ungerechtes. Offene Rechnungen aus der Kindheit, die immer noch nicht bezahlt sind. Mit emotionalen Zinsen, die obendrauf kommen. Wer durfte immer auf Papas Arm? Wer bekam immer die neuen Jeans? Wer musste sie anziehen, obwohl sie schon durchgesessen und längst wieder aus der Mode waren? Wer durfte studieren? Wer musste rasch eine Lehre machen und Geld verdienen? Einerseits ist eine Familie das beste Übungsfeld, um für seine Rechte zu kämpfen. Hier führte man die ersten Verhandlungen um Gerechtigkeit, man hat sie mal gewonnen und mal verloren, man hat gelernt, Kompromisse zu schmieden.

Andererseits kann das Gefühl, zu kurz gekommen zu sein, sehr tief sitzen. Und dann ist es gut, sich dem zu stellen. Zu überlegen: Was war das für eine Zeit, warum haben die Eltern so gehandelt? Führten sie womöglich eine unglückliche Ehe und waren deshalb einfach keine guten Eltern? Haben Sie das Feld nicht bestellt für die nächste Generation?

Standen sie wie so viele unter dem Rollendiktat der 50er Jahre, als Mädchen eben hübsch aussehen und gut kochen sollten. Haben sie deshalb den Sohn an die Uni geschickt und die Tochter in eine Banklehre gezwungen? Klar war das ungerecht! Und es geht auf keinen Fall darum, solche Ungleichbehandlungen richtig zu finden oder zu rechtfertigen. Aber es könnte zu einem milderen Blick auf die Kindheit führen, wenn man sich die Zeit anschaut, in der sie stattgefunden hat.

Deshalb habe ich mir die 50er und 60er Jahre, in denen wir Babyboomer geboren und aufgewachsen sind, genauer angeschaut. Nicht um die Eltern zu entschuldigen, wenn sie uns Geschwister nicht immer so liebevoll und so gerecht behandelt haben, wie es hätte sein sollen. Sondern um sie besser zu verstehen – und damit auch unsere Kindheit.

Kriegskinder, kalte Elternhäuser
und Knaus-Ogino

*Die Zeit unserer Kindheit – was war da los
in der Welt und was hat das mit
unserer Geschwisterbeziehung zu tun?*

Als ich anfing, mich mit dem Geschwisterthema zu befassen, war ich in den ersten Gesprächen noch erschrocken, wenn Interviewpartner sagten: »Ich war ein Verhütungsunfall.« Oder: »Ich war eben das eine Kind zu viel.« Es klingt bizarr, wenn das ein gestandener Mann oder eine gestandene Frau mit Anfang sechzig sagt.

Im Laufe der Gespräche habe ich mir dann klargemacht, dass wir alle mehr oder weniger ungeplant auf die Welt kamen. Ich bin selbst Teil des geburtenstärksten Jahrgangs, 1963. Danach kam die Pille. Aber davor verhüteten unsere Eltern entweder gar nicht oder mit Kondomen. Oder, wie bei der katholischen Familie von Annette, nach der Knaus-Ogino-Methode. Das ist die sehr unzuverlässige Kalendermethode, bei der rein rechnerisch die fruchtbare Zeit im weiblichen Zyklus ermittelt wird. Diese Methode erlaubte der damalige Papst Pius XII. anstelle der Pille. Annette kann bei ihren acht Geschwistern genau ablesen, wann die Verhütung einsetzte: Nummer eins bis sechs kamen im Abstand von anderthalb bis zwei Jahren zur Welt. 1951 erlaubte der Papst dann die Knaus-Ogino-Methode. Und der Abstand zwischen Kind Nummer sechs, sieben und acht wuchs immerhin auf jeweils vier Jahre.

Natürlich haben Geschwister, die schnell nacheinander auf die Welt kommen, ein ganz anderes Verhältnis zueinander als Geschwister, die einen größeren Abstand haben. Sie konkurrieren oft mehr. Oder die älteren leiden darunter, dass sie schon die »Großen« sein sollen, dabei sind sie ja noch in der »kleinen« Entwicklungsstufe. Es hilft sich klarzumachen: Das war nicht unbedingt die freie Entscheidung der Eltern. Wir können es ihnen auch nicht vorwerfen. Sie hatten oftmals schlicht keine andere Wahl.

Hinzu kam Anfang der 60er Jahre eine absolute Katastrophe: der Contergan-Skandal. Ein Freund von mir hat eine Zwillingsschwester. Beide sind gesund. Als die beiden 1961 auf die Welt kamen, legte der Stationsarzt der Mutter einen Überweisungsträger mit der Gironummer des Krankenhauses neben das Bett. »Sie haben echt Glück gehabt«, fand der Arzt. Gleich zwei gesunde Kinder!

Er legte ihr nahe, aus Dankbarkeit eine größere Geldspende zu tätigen.

Zwischen 1957 und 1961 kamen über 5000 Kinder mit schwersten Fehlbildungen auf die Welt, weil ihre Mütter das Schlafmittel Contergan genommen hatten. Auch das hat zur Sorge unserer Eltern geführt, ja in manchen Familien zu einer wahren Panik, denn man wusste am Anfang ja nicht, woher die Fehlbildungen rührten. Unsere Mütter wussten also nicht, ob ihre Kinder mit intakten Gliedmaßen auf die Welt kommen würden. Auch diese Ängste unserer Mütter stecken uns in den Knochen.

Mir selber hat es geholfen, meine Eltern immer wieder zu befragen, wie das war mit dem Kinderkriegen in den 60er Jahren. Allein die Tatsache, dass bis zum Pillenknick so viele Kinder auf die Welt kamen, muss man sich immer wieder vor Augen halten. Meine Mutter hat ihr erstes Kind 1960 bekommen, ein absolutes Wunschkind, meine große Schwester. Es gibt reihenweise Alben mit Fotos meiner Schwester: im Kinderwagen, im Kinderbett, im Laufstall. Meine Schwester war der Augenstern. Danach wurde meine Mutter rasch wieder schwanger und gebar einen Sohn. Auf der Wöchnerinnenstation muss viel los gewesen sein. Denn als meine Mutter zur Hebamme sagte: »Da stimmt was nicht, mein Sohn läuft blau an« – soll die Hebamme gesagt haben: Ich muss mich nebenan um die Bauersfrau Müller kümmern, die hatte schon eine Fehlgeburt. Sie müsse diesmal »was nach Hause bringen«. Das Kind, mein älterer Bruder, starb.

Ich habe diese Geschichte immer wieder gehört und könnte jedes Mal weinen. Heute werden schon Frühgeborene mit 400 Gramm Gewicht gerettet. Hebammen sind die Sanftmut in Person und hantieren mit Meditationsmusik und homöopathischen Kügelchen. Damals – in einer Mischung aus allgemeiner Härte und schierem Kinderreichtum – wurde um das einzelne Kind offenbar nicht viel Aufhebens gemacht. Und um die armen Mütter erst recht nicht. Mein Vater musste an dem Tag angeblich eine neue Werkstatt einweihen, er kam erst abends ins Krankenhaus zu seiner trauernden Frau. Und sein Chef schickte zum Trost einen Gummibaum ins Krankenhaus. Meine Mutter sagt bis heute: »Den Gummibaum hätte ich am liebsten aus dem Fenster der Wöchnerinnenstation geworfen.« Mich friert heute noch, wenn ich mir das vorstelle.

Ich selber war dann, was die Psychologen ein »replacement child« nennen. Ich war sehr erwünscht, und ich sollte sicher die Leerstelle füllen, die mein toter Bruder hinterlassen hatte. Vermutlich war mein Glück, dass ich kein Junge geworden bin. Es gibt in der Geschichte immer wieder Fälle, in denen Kinder eins zu eins das tote Geschwister ersetzen sollen. Der Soziologe Tilmann Allert erzählt von dem Trauma, als großer Bruder zu versagen. Er erzählt von dem großen frühromantischen Maler Caspar David Friedrich. Caspar wagte sich als 13-Jähriger mit dem kleinen Bruder Johann aufs Eis. Das Eis brach ein. Beide Brüder gerieten ins Straucheln, schließlich rettete der kleine

Bruder den Großen und starb dabei, beerdigt wurde ein leerer Sarg.

»Hier wurde die Altershierarchie vertauscht«, sagt Allert, »der Große hätte auf den Kleinen aufpassen sollen.« Seit ich diese Geschichte gehört habe, kann ich kein Bild von Caspar David Friedrich mehr anschauen, ohne diese tiefe Melancholie zu spüren. Der Wanderer über dem Nebelmeer – eine Suche nach dem kleinen Bruder? Selbst das berühmte Bild am Kreidefelsen – schauen hier zwei Menschen aufs Meer in die Ferne, aus der einst der Bruder wiederkommen wird? Das ist nämlich Allerts Interpretation: Der tote Bruder wird als Heiland wiederkommen. Schauen sie in den Himmel, in den das Kind aufgenommen wurde, das sich für den großen Bruder geopfert hat? Ein Schaudern, wenn man die Geschichte kennt. Allert erzählt weiter und nennt als Beispiel aus der Kunstgeschichte auch noch die Brüder van Gogh: Vincent van Gogh wurde nach seinem ein Jahr zuvor verstorbenen Bruder benannt, er bekam sogar dessen Namen. Was für ein furchtbarer Auftrag.

Ich war rundherum ein Wunschkind und wurde sogar gestillt – was in den 60er Jahren gar nicht so verbreitet war. Auch das hilft beim Verständnis der eigenen Kindheit. Zu bedenken, dass unsere Mütter in den 60er Jahren überschüttet wurden mit Werbung der neu entstandenen Fertigmahlzeitenindustrie: statt dem Mühsal des Stillens wurden jetzt synthetische

Produkte propagiert. Mitte der 1950er Jahre kamen der erste Gemüsebrei für Babys als Konserve auf den Markt, ab 1959 gab es fertigen Grießbrei von Milupa, 1964 entwickelte das Unternehmen dann auch die erste synthetische Milch namens *Milumil*.

Erst viel später geriet das Milchpulver, also der Instantersatz für die Muttermilch, wieder in Verruf. Nestlé bekam in ärmeren Ländern Probleme, weil das Milchpulver mit verunreinigtem Wasser angerührt wurde. Und im Deutschland der 80er Jahre gab es ein großes Revival fürs Stillen: Ostentativ holten Frauen im Uni-Hörsaal, in der Straßenbahn und sogar im Bundestag ihre Brust zum Stillen heraus. Aber in den 60ern galt erst mal: Modern ist, wer das Fläschchen anrührt.

Und wir sollten uns klarmachen, dass unsere Mütter oft noch im Wochenbett das Buch *Die Mutter und ihr Kind* von Johanna Haarer in die Hand gedrückt bekamen. Eine üble NS-Ideologin, deren Ratschläge noch weit bis in die 50er und 60er Jahre gehört wurden: Kinder schreien lassen, um sie abzuhärten. Füttern nach einem strengen Regime. Bloß nicht verzärteln. Das ganze Naziprogramm, das noch weit fortwirkte, bis in die 60er Jahre hinein und oft auch noch darüber hinaus.

Ich hatte also Glück. Meine Mutter stillte mich. Sie machte sich frei von der Haarer-Ideologie. Und sie war als gelernte Arzthelferin sehr darum bemüht, das Beste für meine Gesundheit zu tun. Stets hatte sie ihr großes Medizinbuch auf dem Tisch, in dem sie bis heute nachblättert, wenn einer ihrer Enkel Mandelentzündung hat oder Ohrenschmerzen. Kartoffelwickel, Zwiebelumschläge, der Duft von Zwiebeln steigt mir bis heute in die Nase, sobald ich ein Kratzen im Hals spüre.

Meine Mutter ist eine großartige, warmherzige Mutter und Oma. Und doch hilft mir die Geschichte mit dem überfüllten Kreißsaal und dem einsamen Tod des Bruders beim Verständnis unserer Geschwisterdynamik. Mir als Nesthäkchen, pumperlgesund nach dem verstorbenen Bruder, sollte wirklich nichts zustoßen. Ich glaube, deshalb sind bis heute meine Mutter und meine große Schwester sehr besorgt um mich, was lieb gemeint ist. Aber zuweilen auch nervig, wenn beide – ich bin mittlerweile sechzig! – in Sorge geraten, wenn ich eine Erkältung bekomme. »Tuch an den Hals«, sagt dann meine Mutter am Telefon, »Tuch an den Hals«, schreibt meine Schwester per WhatsApp.

Das furchtbare Buch von Johanna Haarer ist nur ein Indiz dafür, dass unsere Kindheit noch sehr geprägt war von der Härte der Nazizeit. Zwar war der Krieg zum Zeitpunkt unserer Geburt beinahe zwanzig Jahre vorbei. Aber viele unserer Eltern hatten ein schlimmes Fluchttrauma erlebt, viele unserer Mütter hatten in den Nachkriegsjahren Angst vor Vergewaltigung durch die russischen Besatzungssoldaten. Oder sind wirklich Opfer geworden. Und haben geschwiegen bis ins hohe Alter.

Diese Traumata, die nie bearbeitet wurden, haben sie vermutlich an uns weitergegeben ohne Worte. Man nennt das Epigenetik: Schwere traumatische Erlebnisse werden über die Ausschüttung von Hormonen wie Cortisol und Adrenalin langfristig in den Genen verankert. Drum ist es für uns so wichtig, uns mit den Kriegserlebnissen der Eltern zu beschäftigen. Um mit einem milderen Blick auf die oft harten Momente in unserer Kindheit zu schauen. Und um die Kette zu durchbrechen. Natürlich wollen wir als Mütter und Väter selbst ganz anders mit unseren Kindern umgehen und machen das auch. Aber wenn wir uns nicht damit befassen, vererben wir Grundmuster immer weiter.

Ich treffe mich mit Sabine Bode. Sie ist die Autorin vieler Sachbuch-Bestseller, die sich mit diesem Thema beschäftigen. Am bekanntesten darunter sind vor allem die beiden Bücher *Die vergessene Generation* und *Kriegsenkel – Die Erben der vergessenen Generation*, die sich laut der Marktanalyse-Plattform MediaControl inzwischen weit über eine Million Mal verkauft haben.

Schlagfertig und witzig ist sie mit ihren 76 Jahren, wir spazieren im Spätsommer mit ihrem Hund am Rheinufer entlang, an der Kölschen Riviera. Alle paar Meter sitzen junge Leute in Wurfzelten am Ufer. Man weiß nicht genau, bereiten sie eine neue Party vor oder erholen sie sich von der letzten? Während ihr Hund im Sand nach Knochen gräbt, spricht Bode alle an. »Na, schlaft ihr hier?«, oder zu den Anglern »Schon was rausgeholt?« Alle freuen sich über den kleinen Smalltalk, die Frau kann gut mit Menschen.

Als ich sie angerufen und von meinem Geschwisterthema erzählt habe, sagt sie sofort: »Klar haben viele Geschwister mit dem Kriegstrauma zu tun.« Sie selbst hat gerade einen Roman darüber geschrieben, *Geschwister im Gegenlicht*, eine Schwester Mitte sechzig wird darin von ihrem Bruder überrascht, der das Nazierbe der gemeinsamen Eltern erforscht hat. Die Eltern haben – im Leben wie im Roman – nie darüber gesprochen.

Das Schweigen der Eltern, über das Sabine Bode geschrieben hat, »das vererbt sich natürlich auf die nächste Generation. Viele Geschwister können ihre Konflikte auch deshalb nicht gut austragen, weil sie das Reden nicht gelernt haben von den Eltern.« Hinzu kommt, dass viele Eltern, die im Krieg oder auf der Flucht geboren wurden, später eine ungeheure Härte gegen sich und andere entwickelten. Viele waren nicht fähig, ihren Kindern Liebe, Zärtlichkeit und Geborgenheit zu bieten. »Und um das bisschen Liebe, was die Eltern hatten, konkurrieren viele Geschwister bis heute«, so Bode.

Zu all den psychischen Prägungen kam in den 60er Jahren noch hinzu: Unsere Eltern wollten etwas schaffen, aufbauen, es sich selbst und der Welt zeigen: Deutschland ist wieder wer. Das Jahrzehnt war geprägt von einem Boom an Eigenheimen – »Schaffe, schaffe, Häusle baue« eben. Auch meine Eltern haben 1969 ihr Traumhaus gebaut, von dem wir uns 2017 getrennt haben – darüber habe ich ein eigenes Buch geschrieben. Wie viel Kriegserbe in diesen Mauern verbaut ist und was das für Geschwister bedeuten kann – darüber habe ich mit Barbara gesprochen, einer evangelischen Pastorin aus Düsseldorf.

»Und was hat dir das Wühlen in der Familiengeschichte gebracht?«

Wie das Kriegserbe bis heute Zwist unter Geschwistern schafft – und wie man trotzdem in Kontakt bleiben kann

Maria ist eine selbstbewusste Frau: Groß, schlaue schwarze Brille, sie hat alle Bücher gelesen, die zum Thema »Kriegskinder« auf dem Markt sind. *Die Kraft der Kriegsenkel* von Ingrid Meyer-Legrand. Und ohnehin alles von Sabine Bode. »Als Sabine Bode die *Vergessene Generation* geschrieben hat, wusste ich: Die Frau muss ich kennenlernen«, sagt sie. Als Pastorin meldete sie sich zu einem Seminar von Bode bei einem Bestattungsinstitut an. Als das wegen zu vieler Absagen nicht zustande kam, fuhr sie bis nach Hamburg, um die berühmte Autorin kennenzulernen. »Ich wusste genau: Kriegskinder, das ist das Thema meiner Familie.«

Das allerdings sieht nur Maria so. Sie ist die älteste von drei, geboren 1960. Die mittlere Schwester, Jahrgang 1962, und der

Bruder, Jahrgang 1964, wollen nichts wissen vom »Wühlen in der Vergangenheit«. Beide haben technische Berufe ergriffen, beide halten insgesamt nicht viel von Psychotherapie. Der Bruder sagte Maria neulich ins Gesicht: »An dir sieht man ja, dass Psychotherapie nichts bringt.« Ein harter Satz.

Natürlich, sagt die patente evangelische Pfarrerin, habe ihr das viel gebracht, das »Wühlen in der Familiengeschichte«. Verstanden hat sie, warum alle drei Geschwister ängstlich sind, vor allem vor Umzügen in andere Städte zurückscheuen. »Meine Mutter musste mit sieben Jahren Schlesien verlassen, sie hatte panische Angst, über die Grenze zu gehen.«

Weil die Eltern alles verloren hatten, investierten sie später ihr ganzes Geld und ihre ganze Zeit in Kerpen bei Köln in den Bau eines Eigenheims. »Für dieses Haus, für dieses eigene Stück Land, das unseren Eltern wichtiger war als alles auf der Welt – dafür mussten wir drei Kinder auf viel verzichten.« Auf Ferien und Kleider sowieso. Aber auch auf: Fürsorge, Zeit und Zärtlichkeit. Maria sagt: »Meine Mutter ist bis heute eine harte, kalte Frau.« Sie weigert sich auch, die Mutter heute mehr als notwendig zu betreuen – im Gegensatz zu ihrer jüngeren Schwester. Maria findet: Im Alter erntet man eben so viel, wie man gesät hat. Ein Satz, den wiederum ihre Schwester viel zu hartherzig findet. »Und du willst Pfarrerin sein!«

Was macht man, wenn die Geschwister vielleicht ähnliche Erfahrungen gemacht haben – vielleicht aber auch nicht. Wenn sie schlicht und einfach keine Lust haben, über die Vergangenheit nachzudenken, nachzuforschen und darüber zu sprechen?

Maria sagt, sie gehe einfach weiter ihren Weg. »Ich bin seit zwanzig Jahren immer wieder in der Psychotherapie und werde damit weiter machen.« Sie forscht auch weiter an der Familiengeschichte, malt Genogramme und pinnt »Life-Storyboards« an große Flipcharts – alles Methoden, mit dem emotionalen Kriegserbe umzugehen.

Aktuell liebäugelt Maria mit der Idee, den Fluchtweg der alten Eltern nachzugehen. So wie Christiane Hofmann, Regierungssprecherin in Berlin und bis vor kurzem Redakteurin beim SPIEGEL. In ihrem Buch *Alles, was wir nicht erinnern* beschreibt Hofmann, wie sie im Sommer 2021 den Weg von dem schlesischen Dorf Rosenthal, heute Różyna, in Richtung Westen pilgert. Den Weg, den ihre Eltern 1945 mit einem Flüchtlingstreck gegangen sind, als die Russen kamen.

Auch Christiane Hofmann erntet – wie Maria – wenig Verständnis von ihrem Bruder. Schon im Studium, als Christiane wie magisch von Osteuropa angezogen wird und in Leningrad studiert, kommt der Bruder sie besuchen. »Der eisige Wind pfiff vom Finnischen Meerbusen durch die Fenster, Kakerlaken groß wie Kartoffelbriketts und das Unverständnis im Blick meines Bruders: Was tust du hier?«

Und doch geht die Autorin ihren Weg und findet Frieden dabei. Für sich. Und für die toten Eltern. »Ich gehe euren Weg, um euren Schmerz zu fühlen in meinen Beinen und im Nacken, in dem euch der Russe saß, um das zu erinnern, was du vergessen hast […]. Ich tue Buße, ohne zu wissen wofür, um den Schmerz zu fühlen, über den in meiner Kindheit geschwiegen wurde.«

So hält es auch Maria. Sie geht ihren Weg. Vielleicht wird sie irgendwann mit ihrer Mutter darüber sprechen können, ob diese auf der Flucht sexuelle Gewalt erlitten hat. Die Wahrscheinlichkeit ist sehr groß. Schwer zu ertragen, was die jungen Frauen während Flucht und Vertreibung erleiden mussten. Alles Dinge, von denen Maria glaubt: »Das hat doch Auswirkungen auf uns Kinder. Da werden doch Dinge weitergegeben, auch ohne Worte.« Denn Worte gab es nicht viele im Haus ihrer Eltern, es wurde geschwiegen. Auch ihre Geschwister reden nicht viel.

Aber Maria will trotzdem den Kontakt zu ihren Geschwistern halten. Den Bruder sieht sie nur zu Geburtstagen und an Weihnachten. Aber die Schwester hat ihr neulich geholfen, als sie einen Autounfall hatte und nicht wusste, wie sie zur Physiotherapie kommen soll. Und als die Schwester neulich, nach dem Ende einer unglücklichen Ehe, zu Maria sagte: »Jetzt bin ich völlig alleine.« Da konnte Maria antworten: »Nein, du bist nicht alleine. Du hast zwei Geschwister.«

Irgendwann, glaubt sie, wird sie mit beiden Geschwistern darüber reden können, warum so vieles in ihrem Leben von der Vergangenheit bestimmt war, vielleicht auch, warum die Partnerwahl bei allen dreien nicht gerade die glücklichste war. Aber so weit ist sie selbst noch nicht. Bis dahin will sie erst noch ein paar Therapiestunden nehmen.

»Deine Schwester kann aber bis Strophe sieben.«

Warum wir als Geschwister so viel verglichen wurden. Und was »typisch Mama« und »typisch Papa« war

Ein Merkmal der Kriegsenkelgeneration – also unserer Generation, die sowohl gesellschaftlich als auch politisch noch immer die Geschicke dieses Landes leitet – ist eine enorme Leistungsbereitschaft. Wir arbeiten bis zum Umfallen, wir erkranken an typischen Stresskrankheiten wie Herzinfarkten und Migräne – und machen uns lustig über die nachfolgenden Generationen, die das alles nicht mehr mitmachen wollen.

Man muss wirklich nicht alles mit dem emotionalen Erbe unserer traumatisierten Eltern erklären. Aber ein Faktor wird es wohl sein, dass – wie die Psychotherapeutin Ingrid Meyer-Legrand sagt – uns Kindern »verlässliche Kommunikation mit einer Bezugsperson fehlte, die sagt, dass man gut ist, so wie man ist, dass es reicht, was man macht.« Das stimmt für viele unserer Generation. Auch für mich und meine Schwester. Wir hatten die Aufgabe mitbekommen, immer besser zu werden, immer mehr zu leisten. Die Fußstapfen waren groß!

Unser Vater war eigentlich immer im Büro, und wenn er nach Hause kam, brachte er dicke Aktenordner fürs Studium nach Feierabend mit. Er hatte es weit gebracht, aber ganz zufrieden war er nie. Könnte er nicht doch noch studieren an der Abendschule, würden wir nicht doch noch den Sprung von der Provinz in die Großstadt schaffen?

Er bemühte sich, dennoch mit seinen Töchtern zu spielen. Spiele, die er selbst lustig fand. Aber auch diese Spiele waren von großem Ehrgeiz geprägt. Er scheuchte uns mit der Stoppuhr auf die Aschebahn, lehrte uns rechnen mit dem Kaufladen oder baute fiese Zwickmühlen, um uns bei »Mühle« abzuzocken. Richtig lustig geht anders. Alles in bester Absicht, aber auch alles eine echte Wirtschaftswunderkindheit.

Und das galt auch für alle meine Freundinnen. Unsere Väter waren eigentlich nie da, sie waren rund um die Uhr damit beschäftigt, Deutschland nach vorne zu bringen. Und unserer Familie ein größeres Auto, eine Einbauküche, einen Farbfernseher zu erwirtschaften. Erst 1965 wurde die 40-Stunden-Woche eingeführt, mit einer legendären DGB-Kampagne: »Samstag gehört Vati mir.«

Meine Eltern waren wirklich sehr bemüht, ihre Töchter gerecht zu erziehen. Aber der enorme Leistungsdruck, unter dem sie selbst standen, der unbedingte Aufstiegswille, führte auch dazu, dass wir oft verglichen wurden. Bekam ich ein Zeugnis in der 3. Klasse, wurde es verglichen mit dem meiner Schwester drei Jahre zuvor. Sagte ich ein Gedicht auswendig auf, hörte ich schon mal: Deine Schwester kann aber bis Strophe sieben.

Ich habe das von vielen meiner Interviewpartner gehört, dieses Vergleichen und Anspornen. Es geschah in guter Absicht. Aber es war auch anstrengend und förderte oft den Zwist unter Geschwistern. Als ob man ein Wettrennen machen würde: Wer von uns Geschwistern macht Papa glücklicher? Wer lässt ihn besser dastehen bei seinen Geschäftsfreunden? Ich hoffe, ich habe es bei meinen eigenen Kindern anders gemacht. Ich hoffe, ich habe sie weniger miteinander verglichen.

Der extreme Arbeitsethos der Väter ging in den 50er und 60er Jahren einher mit der Hausfrauenrolle der Mutter. Auch das hat sicher einen Einfluss auf die Geschwisterbeziehungen unserer Generation. Meine Schwester und ich haben unsere Eltern sehr ambivalent erlebt. Mein Vater, der Zeit seines Lebens darunter litt, nicht studiert zu haben, wünschte sich sehr, dass es beide Töchter weiterbringen als er. Aber ganz Kind seiner Zeit, sollten wir auch hübsche Töchterchen und später artige Ehefrauen werden. Heute denke ich: So widersprüchlich wie diese Aufträge waren – wir hätten sie nie erfüllen können.

Als ich meine Schwester heute darauf anspreche, müssen wir beide lachen. Biggi und ich haben uns die Aufträge irgendwann aufgeteilt. Sie ging in die Automobilindustrie, verweigerte aber mehr oder weniger den Auftrag »Kochen und Haushalt«. Mir sagte der Vater – nachdem es bei der ersten Tochter schon nicht geklappt hatte – immer wieder: »Du wirst mein Hausmütterchen.« Hausmütterchen! Das bestrafte ich, indem ich mit 23 zur *Emma* ging, das Kochen fast komplett verweigerte und mein ganzes Geld in Restaurants verballerte. So richtig schlau war diese Trotzreaktion nicht, aber wer ist schon immer schlau? Heute kochen meine Schwester und ich ganz leidlich, aber im Haushalt sind wir beide echte Nullen. Das machen in unseren Ehen die Männer.

Wir haben bis jetzt von der alten Bundesrepublik gesprochen. Wie war es denn eigentlich in der DDR? Wo Frauen sehr früh meist mehrere Kinder bekamen, wo Muttermilchbanken eingerichtet wurden, wo Mütter überwiegend berufstätig waren und ganz selten Hausfrau wie im Westen? Die westdeutschen Babyboomer wissen immer noch viel zu wenig über die Kindheit ihrer Gleichaltrigen in der DDR. Deshalb habe ich mich mit Petra getroffen, Jahrgang 1962, drittes Kind einer alleinerziehenden Mutter in Ostberlin. Und war tief bewegt, wie diese drei Geschwister mit ihrer katastrophalen Kindheit umgegangen sind.

»Warum hast du nicht mit mir geredet?«

Wie man sich trotz einer lieblosen Kindheit in der DDR später im Leben zu einer starken Persönlichkeit entwickeln kann

Mit Brüdern und Schwestern in der DDR hatte ich in meiner Kindheit wenig zu tun. Ich wuchs auf im beschaulichen Oberschwaben, sehr weit weg von Ostdeutschland. Auf meinem Weg zur Schule fuhr ich jeden Morgen mit dem Bus am Goetheplatz in Ravensburg vorbei. Dort hing jahrelang ein Plakat mit den Umrissen der BRD und der DDR, darauf in großen Lettern der Slogan: »3 geteilt – niemals!«. Als Kind verstand ich überhaupt nicht, worum es ging. Später hat man mir erklärt, dass das ein Plakat der Vertriebenenlobby war. Das seien irgendwelche Fantasten, die mit dem Fall der Mauer rechneten, die um die Zeit unserer Geburt errichtet worden war. Dass es wirklich eines Tages wieder ein geeintes Deutschland geben würde – damals unvorstellbar.

Später als Studentin bin ich ab und zu nach Ostberlin gefahren. Ich war damals mit einem Ökoaktivisten zusammen, der den Widerstand an der Ostberliner Umweltbibliothek unterstützte. Einmal, Mitte der 80er Jahre, habe ich sogar eine alte Druckmaschine in meinem VW Polo heimlich über die Grenze an der Friedrichstraße geschmuggelt. Ich bin fast gestorben vor Angst. Viel später erfuhr ich, dass der vermeintliche Widerständler, dem ich mit flatternder Stimme und schwitzenden Händen das ausrangierte Gerät aus einer schwäbischen Realschule an der Zionskirche übergab, ein ausgebuffter Stasimitarbeiter war.

Vierzig Jahre später stehe ich wieder an der Friedrichstraße und warte auf Petra. Sie ist Sozialpädagogin, Jahrgang 1962, und ihre Familienbiografie ist so spannend, dass ich nach dem Treffen das Gefühl habe: Erst jetzt habe ich ein halbes Jahrhundert deutsche Geschichte wirklich begriffen.

Petra ist eine große und selbstbewusste Frau mit wehenden graublonden Haaren. Sie ist die beste Freundin einer Schulkameradin, die uns beide zusammengebracht hat. Wir haben ein paar Mal telefoniert, bevor es zu dem Treffen kam. Immer saß Petra im Auto und telefonierte mit mir über die Freisprechanlage. Immer war sie auf dem Weg zu einem »begleiteten Umgang«. Das ist ihr Beruf: Sie sorgt im Auftrag des Jugendamtes dafür, dass trotz schwerer Umstände Kinder aus zerrütteten Familien ihre Väter treffen können. Dafür fährt sie Tausende von Kilometern im Jahr. Sie hat mehrere Wohnungen in Brandenburg fürs Jugendamt angemietet. Sichere Orte, wo ein bisschen Familienleben stattfinden kann.

Dass sie heute diesen schwierigen Job macht, hat viel mit ihrer eigenen Kindheit zu tun. Ihren eigenen Vater durfte sie nicht kennenlernen. Und ihre Mutter war eine harte, unbarmherzige Frau, so schildert sie es. Die Mutter hatte drei Kinder von drei Männern, Petra ist die Jüngste. Die Mutter war, wie üblich in der DDR, voll berufstätig. Alle drei Kinder brachte sie in Einrichtungen unter. Am schlimmsten trifft es Petras Bruder Günther, geboren 1956. Er kommt in eine »Wochenkrippe«, eine Institution, deren Grausamkeit gerade erst erforscht wird. Wochenkrippe heißt: Sonntag abends in die Krippe, erst am darauffolgenden Samstag wieder nach Hause.

Petras Schwester Silke, Jahrgang 1950, wird bei den Großeltern abgegeben. Und Petra wird im Alter von nur sechs Wochen in eine Krippe gesteckt, von Montag bis Samstag für je neun Stunden. »So wird jede Bindung zerstört«, weiß Petra heute. Sie hat Psychologie und Sozialarbeit studiert. »Ich war aber ein cleveres Kind und habe mir eine Essstörung zugelegt.« Das meint sie natürlich ironisch. Weil das schmächtige Kind nichts essen mag, nimmt sich die Sekretärin der Kinderkrippe ihrer an, füttert sie, nimmt sie sogar ein paar Wochen mit zu sich nach Hause, als die Mutter wegen versuchter Republikflucht inhaftiert wird.

Wenn Petra über ihre Mutter spricht, schwingt trotz aller Entbehrungen auch Anerkennung mit: Die Mutter musste sich als Alleinerziehende durchschlagen, arbeitete sich von der einfachen Stenotypistin über ein Fernstudium hoch zur Ökonomin in einem Wohnbaukombinat. Sie trug immer Rot: Rote Lippen und rote Kleider. »Sie schwankte irgendwo zwischen fromm sein und flirten«, erinnert sich Petra. Erst viel später, kurz vor dem Tod der Mutter, kommt heraus: Die Mutter war im Alter von sieben Jahren von einem Onkel sexuell missbraucht worden. Ein möglicher Grund für die spätere Promiskuität.

Und dann ist da das Katholische in dieser Familie. Man geht zum Gottesdienst und in die Religionslehre, ein »Religionsfräulein« beeindruckt die kleine Petra: Fräulein Saul. Fräulein Saul hat aus dem Westen bunte Kreide besorgt und lässt die Kinder an der Wandtafel die Geschichte vom Widder im Dornbusch malen. Fräulein Saul kocht sogar Kakao. Das gibt es zuhause nie. Zuhause wird am Essen gespart, oft kratzen die Kinder grüne Schimmelkruste von altem Brot, um nicht zu hungern.

Die katholische Erziehung wirkt bei den Geschwistern später nach – aber sehr unterschiedlich. Die Älteste, Ruth, hat heute fünf Kinder und leitet einen katholischen Kindergarten, ihre Mails unterschreibt sie sogar mit »katholischen Grüßen«.
Petra hingegen ist aus der Kirche ausgetreten. Sie verdankt der Kirche einiges, das kann sie auch wertschätzen. Sie teilt

die christlichen Werte und ist nicht fertig mit der Frage nach Gott. Aber sie fühlt sich nach den Missbrauchsskandalen und der Debatte um das Priesteramt für Frauen in der katholischen Kirche nicht mehr am richtigen Platz.

Diese unterschiedliche Reaktion auf die katholische Erziehung wird später eine Rolle spielen, wenn ich vom Geschwisterkonflikt zwischen den beiden Schwestern erzähle. Aber der Reihe nach.

Petra hat zwar das Glück, immer wieder Menschen wie die Krippensekretärin und die Religionslehrerin zu finden, die sich um sie kümmern. Aber ihr fehlt ein grundlegendes Vertrauen ins Leben, sie kann keine Nähe zulassen. »Ich hatte keine Vorstellung, wie Beziehung geht.« Ab der Pubertät geht vieles schief. Sie gerät an die falschen Männer, studieren darf sie ohnehin nicht, weil die Mutter auffällig ist. Also macht sie eine Lehre, fährt nachts schwarz Taxi, wird mit 21 schwanger. Das ist zwar in der DDR nichts Besonderes – »In unserem Achtbettzimmer auf der Entbindungsstation war ich die Älteste.« Aber das Kind ist trotzdem eine Belastung, der Vater ein Ausfall, zunächst sieht es aus, als ob Petra die Geschichte ihrer Mutter wiederholen würde.

Als ihre psychischen Probleme, ihre Ängste und Unsicherheiten immer größer werden, weist sie sich selber in eine psychosomatische Klinik ein. Ein Glücksfall. Dort trifft sie auf empathische Ärzte, die sie auffangen. Und auf interessante

Mitpatienten, die sich zum Teil aus politischen Gründen in die Klinik haben einweisen lassen. Es ist das Jahr 1989, sie schauen im Fernsehraum zusammen, wie sich Kohl und Gorbatschow treffen. Eine aufregende Zeit.

Am Morgen des 9. November 1989 wird Petra entlassen. Sie trifft eine Freundin, mit der sie Schuhe kaufen geht, fährt nach Hause und sieht dann im Fernsehen, wie die Mauer fällt. Mit den neuen Schuhen und bald auch mit Blasen an den Füßen läuft sie zum Checkpoint Charlie und feiert die ganze Nacht hindurch. Eine neue Zeit beginnt.

Für Petra bedeutet die Wende wirklich einen Neuanfang. Sie darf jetzt endlich studieren, Psychologie und soziale Arbeit. Sie lernt einen liebevollen Mann kennen, mit dem sie noch zwei weitere Kinder bekommt, sie hat interessante Berufe als Schulsozialarbeiterin und schließlich als Umgangsbegleiterin. Die Familie zieht für eine Weile in die USA. Nach der Rückkehr gründet sie ihr eigenes Unternehmen. Sie ist heute ein glücklicher und zufriedener Mensch.

Aber das Verhältnis zu den Geschwistern ist immer noch schwierig. Der Bruder, ein Feuerwehrmann, hat ein starkes Alkoholproblem und raucht zu viel. Er erkrankt an Krebs. Kurz vor seinem Tod will er Petra besuchen, aber er weiß ihren Namen nicht mehr. Er klingt wie eine sehr traurige Gestalt. Mit dem Bruder hat sie eigentlich nie ein richtiges Geschwisterverhältnis gefunden.

Die große Schwester hingegen hat sie bewundert. »Sie hat mir geholfen, wenn ich auf dem Schulhof ungerecht behandelt wurde. Und sie hat mich wenigstens mal gefragt, wie es mir geht. Ob meine Freundinnen sich schon schminken. Solche Sachen. Das hat meine Mutter nie gemacht.«

Zum offenen Streit kommt es beim 60. Geburtstag der großen Schwester Ruth. Die hat wie immer alles perfekt organisiert, ihre Kinder und Enkel eingeladen, mehrere Ferienwohnungen angemietet. Doch abends im weinseligen Kreis rutscht einer der Nichten der Satz heraus: »Tante Petra, weißt du noch, wie wir damals deine Tochter adoptieren wollten?« Petra ist konsterniert. Nein, wusste sie nicht. Klar, sie war dankbar damals, als sie in der Klinik war und die ältere Schwester sich in der Zeit um die kleine Tochter gekümmert hat. Aber adoptieren?

Der Konflikt löst sich nicht auf. Bis heute ist Petra verstört, dass ihre Schwester hinter ihrem Rücken ihr Kind adoptieren wollte. »Ich dachte immer: Sie ist doch meine große Schwester. Wenn sie sieht, dass ich ein Problem habe, hätte sie doch erst mal fragen können, ob sie helfen kann?«

Es ist jetzt spät geworden in Berlin-Mitte. Ins Restaurant kommen die ersten aufgebrezelten Abendgäste, der Osten ist schick geworden. Ein Salat mit Burrata für 26 Euro fünfzig, das Glas Lugana für neun Euro. Unsere Wege trennen sich, ich muss noch zu einem Empfang in der Hauptstadt, sie muss am nächsten Morgen früh raus zu ihren Familien.

Die Spaltung zwischen Arm und Reich, man sieht sie in Berlin vielleicht noch ein bisschen drastischer als woanders. Seit Corona, erzählt sie, seien viele Familien in eine noch desolatere Lage gerutscht als vorher. Viel zu viel Medienkonsum, viel Arbeitslosigkeit und die vielen neuen synthetischen Drogen, die aus den tschechischen Laboren den Berliner Markt überschwemmen. »Neulich wollte ich ein Kind auf den Spielplatz begleiten, da lag die Mutter schlafend auf der Wiese. Ketamin. Das nehmen jetzt so viele.«

Was sie in so einem Fall macht, frage ich. »Das Kind wieder mitnehmen«, sagt sie sofort und mit fester Stimme. »Ich gebe kein Kind einem betäubten Elternteil. Das Kind steht für mich immer im Mittelpunkt.« Das kann man nach dieser Lebensgeschichte wirklich sehr gut verstehen.

Und so wenig diese drei Geschwister miteinander anfangen können, so tröstlich ist doch dies: Nach einer desolaten Kindheit sind alle drei Geschwister Retter geworden. Der Feuerwehrmann, der sich am Ende leider selbst nicht retten konnte. Die Kindergartenleiterin, die den Glauben als Rahmen für ihr Leben gefunden hat und sich um Kinder kümmert – wenn auch übereifrig im Fall ihrer Nichte. Und die Umgangsbegleiterin, die Tage, Nächte und Wochenenden einsetzt, damit Kinder ihre Eltern behalten. Es ist die Geschichte einer kaputten Familie, aber es ist auch eine Geschichte von Heilung.

Von Kartonwänden und Kofferwohnungen

Wer aus der Türkei eingewandert ist oder aus Syrien geflohen ist, ist selten Einzelkind. Von der Geschwisterrolle bei Flucht und Migration

Liebe und Zwist unter Geschwistern sind kein deutsches Thema. In allen Kulturen und in allen Epochen spielen Brüder und Schwestern eine große Rolle, ich habe es im Kapitel über Bibel und Märchen nur kurz angerissen. Ich selbst bin ein behütetes Kind aus Oberschwaben, ich arbeite in Frankfurt, ich lebe in Köln. Ich bin zwar wie die meisten Babyboomer sehr viel gereist in meinem Leben, aber ich will mir nicht anmaßen, die Geschwisterbeziehungen aller Kulturen zu beurteilen, das wäre ein eigenes Buch wert.

Aber eines ist mir wichtig: Wir leben in Deutschland mit 24 Millionen Menschen zusammen, die eine Migrationsgeschichte haben, und die will ich besser verstehen. Die kann ich auch verstehen, denn sie sind meine Kolleginnen, Nachbarn, Freundinnen, ich kann sie befragen.

In den vielen Jahren, in denen ich als Journalistin arbeite, habe ich immer wieder erfahren, welche zentrale Rolle Geschwister in vielen Einwanderungsgeschichten spielen. Weil sich in Ländern in Westafrika der älteste Sohn auf den Weg macht und die anderen Geschwister hoffen, eines Tages nachgeholt zu werden. Weil in sogenannten »Gastarbeiterfamilien« das eine Kind zurück zu den Großeltern nach Anatolien geschickt wird, das andere in Deutschland bleibt. Weil Geschwister in Familien, die zerrissen sind zwischen gehen und bleiben, zwischen Heimat und Fremde, im besten Fall gute Freundinnen und innige Verbündete sind.

Meiner Seele tat die Geschichte von Seva, einem 20-jährigen Syrer, der in Hannover lebt, am meisten weh. Er sucht nach seinem 15-jährigen Bruder, der sich über die Türkei auf die Fluchtroute Richtung Balkan gemacht hatte und nie ankam. Vermutlich ist er am Grenzfluss Evros, zwischen Griechenland und der Türkei, ertrunken. Er konnte nicht schwimmen, und vielleicht haben ihn die vielen Kleider, die er übereinandergezogen hat, auf den Grund des Flusses gezogen. In einer aufwühlenden Geschichte haben wir in *chrismon* darüber berichtet, wie der griechische Gerichtsmediziner Pavlos Pavlidis versucht, anhand von Schädel und Knochen die Identität der Ertrunkenen zu bestimmen.

Seva weiß bis heute nicht, ob sein kleiner Bruder unter den Toten ist. Über 500 namenlose Tote liegen auf einem kleinen Friedhof beim Fluss. 500 Menschen, auf die fast immer eine

Mutter, ein Vater, ein Bruder oder eine Schwester verzweifelt gewartet und gebangt haben. »Ich werde nicht aufgeben«, sagt Seva, »er ist doch mein Bruder.«

Und ich denke an Idris, einen Geflüchteten aus dem Nordirak, den ich in Köln eine Zeit lang ehrenamtlich betreut habe. Er musste fliehen, weil Assads Geheimdienst seinen Bruder inhaftiert und gefoltert hat. Ob er noch lebt, Idris weiß es nicht. Die letzte WhatsApp-Nachricht seines Bruders war: »Hau ab, sonst holen sie dich auch.« Er hat sie mir oft auf seinem Handy gezeigt. Idris hat in Köln eine gute Stelle gefunden, er arbeitet als Angestellter einer Sicherheitsfirma vor städtischen Freibädern und der Stadtbücherei. Aber er ist einsam in Deutschland, und wir haben oft darüber gesprochen, was überwiegt, wenn er an seinen Bruder denkt: Die Angst, ob sie ihn zu Tode gefoltert haben? Oder die Wut auf ihn, der mit seinen politischen Aktivitäten die Familie in Gefahr gebracht hat?

Geschwister mit Migrationsgeschichte haben oft eine starke Beziehung zueinander. Türkische Eltern waren oft selbst unschlüssig, ob der Aufenthalt in Deutschland nur vorübergehend sein würde – »Gast«arbeiter eben. Oder doch für immer? Und so haben sie die Kinder manchmal für ein paar Jahre in die Türkei gebracht zu den Großeltern, manchmal aber auch hier in Deutschland mit großem Ehrgeiz an gute Schulen geschickt, damit sie »es schaffen« in Deutschland. Beides brachte etliche Verwerfungen mit sich.

Vor zehn Jahren war ich für *chrismon* in Istanbul und habe junge Türkinnen und Türken besucht, die in Deutschland geboren wurden, aber nach erfolgreicher Ausbildung oder Studium nach Istanbul gegangen sind. Junge Architektinnen, die dort Häuser bauen, BWL-Studentinnen, die in Boomtown Istanbul ein Start-up gründeten. Es waren vor allem junge und starke Frauen mit einer ungeheuren Energie – und alle erzählten, wie schwer sie es hatten, ihren Eltern einerseits den gewünschten Erfolg zu »liefern«, andererseits aber auch die türkische Kultur hochzuhalten.

Ich traf Cigdem, die in letzter Minute vor einer arrangierten Hochzeit floh – und bei der Hochzeit der Schwester im Ruhrgebiet erst einmal die Eltern trösten musste, dass es kein Lamm am Spieß gibt, sondern ein veganes Buffet. Und ich traf in einem gesichtslosen Vorort von Istanbul den EDV-Spezialisten Özgur, der in Offenbach ein glückliches Kind im evangelischen Kindergarten war. Er hat mir in der Türkei bei 35 Grad einen selbst gebackenen Käsekuchen serviert. Er lebt heute im Land der Eltern, weil sie ihn mit vierzehn – zusammen mit der 12-jährigen Schwester – nach den Sommerferien ohne Vorwarnung in der Türkei gelassen haben. »Verschleppt«, wie er heute sagt. Später haben die deutschen Behörden ihm kein Visum mehr erteilt. Die Schwester ist in die Fänge von Prostitution und Menschenhandel geraten. Er hat sie verloren. Was für Geschwistergeschichten!

Dieses Hin und Her schildern viele Kinder türkischer Gastarbeiter. »Kartonwand« nennt der türkische Kabarettist und Schauspieler Fatih Çevikkollu, Jahrgang 1972, die Biografie seiner Familie. In der Wand aus Karton verwahrten seine Eltern alles, was für die geplante Rückkehr in die Türkei zusammengespart wurde. Die Rückkehr fand nie statt, und die Kinder, so schreibt er es, lebten in Deutschland »im Stand-by-Modus«. Im Schatten der Mauer aus Kartons. Es ist ein ganz ähnlicher Schatten, wie der, den unsere deutschen Kriegskinderautorinnen schildern: ein Schweigen, eine Mischung aus Scham und Schuld. Scham, dass man doch nicht zurückgegangen ist in die türkische Heimat. Schuld, was man den Kindern mit der Migration zugemutet hat.

Auch Çevikkollu und sein älterer Bruder wurden für ein paar Jahre in die Türkei zu den Großeltern geschickt, heute sagt er: »Das war nicht gut für uns. Aber es geschah in guter Absicht.« Welch weise Einsicht, und es hat einige Therapiestunden gebraucht, um da hinzukommen. Ich glaube, dass viele »Gastarbeiter«-Kinder ihre Geschichte noch erzählen werden, denn es ist auch ein Kapitel deutsche Geschichte, von dem wir viel zu wenig wissen.

Drum habe auch ich mich auf den Weg gemacht, eine Geschwistergeschichte zu erzählen, die zwischen der Türkei und Deutschland spielt: die Geschichte von Semira und Ömer.

»Der hat als großer Bruder versagt!«

*Wie die Kinder in einer Gastarbeiterfamilie streiten.
Ums Elternhaus – oder doch eher:
Um Wurzeln und Flügel?*

»Ich wollte in das Haus selber nie einziehen, ich schwör!« Jetzt kommt es gleich zu Beginn durch, dieses »Ich schwör«, das man so oft von Mitgliedern der deutsch-türkischen Community hört. Es fällt auf, denn fast nichts an Semira, 55, ist türkisch außer ihrem Vornamen. Ich treffe sie in ihrer WG in einem schönen Kölner Altbau mit hohen Decken. Sie ist eine Freundin meiner Nachbarin. In Deutschland geboren, durch und durch deutsch. Sie ist Managerin bei einem großen Konzern.

Es ist gerade Ramadan, als wir uns zum Gespräch über ihre Geschwisterbeziehung treffen, aber mit Ramadan hat sie nichts zu schaffen. Ihr Bruder schon. Ömer ist zehn Jahre älter. Er fastet im Ramadan, isst und trinkt erst nach Sonnenuntergang. Er hat sich auch von beiden alten Eltern, die 2022 kurz nacheinander verstorben sind, mit dem traditionell-islamischen »Helal olsun« verabschiedet, mit einer Freisprechung der Sünden. Semira wollte nicht dabei sein, islamische Rituale sagen ihr nichts.

Mit dem Tod der Eltern brach zwischen den beiden Geschwistern ein Streit auf, in dem es auf den ersten Blick um Gebäude geht: um ein Haus in Köln und um eine Wohnung in Istanbul. Vieles in dieser Geschichte geht um Immobilien, die für türkische Familien oft ein Ausweis dafür sind, es geschafft zu haben in Deutschland. Angekommen zu sein.

Doch in diesen Mauern ist viel mehr vergraben. Die Frage: Wo gehöre ich hin, nach Deutschland oder in die Türkei? Und die Frage: Hatten die Eltern, die selber so sehr beschäftigt waren mit der Migration und ihren Folgen, wirklich genug Zeit und Zuwendung für uns Kinder? Und weil diese Fragen schmerzen, weil sie ans Innerste rühren, entfährt Semira jetzt dieses »Ich schwör«.

Ich finde es zunächst einfach lustig, weil ich »Ich schwör« vor allem aus der U-Bahn kenne, wenn Jugendliche miteinander reden. Manchmal ist es das Einzige, was ich verstehe, weil die Jugendlichen ja meist ein Kauderwelsch sprechen, das schon lange nicht mehr nur eine Mischung aus Türkisch und Deutsch ist. Aber neben »Chlodwigplatz« und »Matheklausur« fällt da eben manchmal ein »Ich schwör«. Wie viel Türkisches ist vielleicht doch in dieser selbstbewussten deutschen Managerin, die da vor mir sitzt? Wie unterschiedlich gehen Bruder und Schwester mit ihren Wurzeln um?

Man muss ein bisschen Zeitgeschichte erzählen, um die Kindheit von Semira und Ömer zu verstehen. Deutschland 1961. Die boomende Wirtschaft braucht Arbeitskräfte. Geplant ist, Menschen aus der Türkei für zwei Jahre zu holen und sie dann gegen neue auszutauschen. »Anwerbeabkommen« hieß das Papier, das zunächst nur eine »diplomatische Note« und gar kein richtiger Vertrag war – deutsche Politiker taten alles dafür, dem Ganzen einen provisorischen Charakter zu geben. Die Türkei sollte ihre Staatsbürger jederzeit zurücknehmen können. Es kam anders.

»Wir riefen Gastarbeiter, doch es kamen Menschen«, schrieb der Schriftsteller Max Frisch Anfang der 60er Jahre. Es kamen Menschen mit Sehnsüchten und Hoffnungen, mit Trauer um die zurückgelassene Heimat und auch mit sehr viel Melancholie. Im Wohnheim spielt ihr Vater nach Feierabend zur Begeisterung der Kollegen die Saz, die türkische Laute. Ironisch, manchmal auch traurig, singt er über Heimweh und Fernweh.

Nach fünf Jahren holt er seine Frau und seinen Sohn nach Deutschland. Ehefrau Sirin hat ihren Sohn Ömer mit 17 bekommen, er ist ihr Augenstern. Sie trägt ihn auf Händen, nie muss er den Tisch abräumen, er wird vergöttert. Auch später im Leben steckt sie ihm oft Geld zu, zum 18. Geburtstag etwa steht ein Auto vor der Tür. So jedenfalls erzählt es seine kleine Schwester.

Ich kann kaum glauben, dass die Eltern wirklich nur dem Sohn ein Auto gekauft haben. Echt jetzt, Semira? Na ja, sagt sie, später habe es auch für sie einen alten VW Polo gegeben. Aber ich merke schon: Es muss wirklich kränkend gewesen sein, dass dem Bruder so viel zugeschoben wurde. Leider ein häufiges Phänomen in türkischen Familien und zumindest bis in die 70er Jahre hinein auch bei deutschen.

Als Ömer zehn ist, kommt Semira auf die Welt. Vermutlich ist es der große Abstand zwischen den beiden Geschwistern, der Semira heute sagen lässt: »Er war gar kein richtiger großer Bruder.« Eigentlich können die Geschwister nicht viel miteinander anfangen. Nur einmal, erinnert sich die kleine Schwester, einmal hat er sie mit ins Kino genommen, zu den Großen. Es lief *Star Wars* im Theater am Rudolfplatz, vor der Vorstellung spendierte der Bruder seiner kleinen Schwester einen Erdbeershake bei McDonald's. »Das war mein schönstes Erlebnis mit ihm.« Sie hätte sich so gefreut, wenn er ihr öfter was gezeigt, die Welt erklärt hätte.

Auch die Eltern sind viel mit sich selber beschäftigt. Als Einwanderer in der deutschen Gesellschaft anzukommen, ist nicht leicht. Sirin meldet ihren Sohn Ömer an der Hauptschule an, weil sie denkt »Haupt«, das klingt wichtig. Auf dem Zeugnis stand neben dem Fach Englisch keine Note. Ein Türke, sagte die Lehrerin, müsse kein Englisch lernen. Über die Hauptschule boxt sie ihn schließlich an die Realschule und zum Abitur.

Viele Deutsche verhalten sich feindselig gegenüber den türkischen Einwanderern. Semira erinnert sich, wie in ihrer Grundschule eine Lehrerin den Schlüssel nach ihr warf. Ich bin ehrlich erschrocken. Sie spricht von der Schule, neben der ich wohne. Heute ist das eine Schule, die vorbildlich Kinder aus aller Welt integriert. Wie hart muss es in den 70er Jahren für türkische Eltern gewesen sein. Immer Kampf, immer Sorge, dass die Kinder es schaffen in der deutschen Gesellschaft.

Die Eltern sind emsig und fleißig, die Kinder werden beim Handballverein und der katholischen Jugend angemeldet. »Meine Mutter«, sagt Semira, »hat sich voll reingehängt, dass aus uns was wird.« Sie ist die Managerin der Familie, eine patente, geschäftstüchtige Frau, der Vater eher der Schöngeist. Bald kann er den schweißtreibenden Fabrikjob bei Ford verlassen und ein kleines Lebensmittelgeschäft aufmachen. Die Mutter vertreibt zunächst Geschirr für die Aussteuer auf türkischen Hochzeiten, später eröffnet sie einen Imbiss. Es ist eine atemberaubende Geschichte von Integration und Aufstieg.

Wenn Semira von diesen Jahren erzählt, fallen ständig neue Straßennamen. Von einer Wohnung zur nächsten werden die

Stadtviertel gutbürgerlicher. Schließlich kauft die Familie ein Haus – der Vater, einst in der kargen Massenunterkunft angekommen, hat es jetzt wirklich geschafft: ein Haus. Ein eigenes Haus! Um dieses Haus dreht sich jetzt der Streit der erwachsenen Geschwister. Das »Zerwürfnis«, wie Semira sagt.

Das Haus wird an den ältesten Sohn überschrieben, die Eltern behalten aber das Wohnrecht. Sie wollen ja bald zurück in die Türkei. Dieser Mythos – wir gehen ja bald zurück – bildet im Kleinen ab, was die bundesrepublikanische Gesellschaft im Großen lange hochhält: »Gastarbeiter«. Gehen ja bald wieder.

Die Eltern gehen nie zurück in die Türkei, sie sterben 2022 beide kurz nacheinander in Köln. Am Tag der Beerdigung des geliebten Vaters, und das ist der Moment, an dem Semira in ihrer Erzählung »Ich schwör« sagt – am Tag der Beerdigung lässt Ömer seine älteste Tochter in das Haus einziehen. »Der hat die da einfach reingesetzt. Am selben Tag. Wie pietätlos!«

Seither sind die Geschwister zerstritten. Semira hat keine Ansprüche auf das Haus, sie will nicht darin wohnen, und rechtlich ist alles geregelt. Aber sie hätte sich gern in Ruhe verabschiedet. Sie hätte noch mal durch das Haus gehen wollen, in dem sicher noch zahlreiche Erinnerungen und Aufträge liegen. Sie empfindet die Aktion ihres Bruders als aggressiven Akt.

Klar versucht sie zu verstehen, was Ömer getrieben hat. Womöglich hat er jahrelang davon geträumt, in das Haus zu ziehen, mit seiner viel älteren Frau und seinen Kindern. Vielleicht wollte er den alten Eltern zeigen: Ich hab's jetzt auch geschafft. Aber erstens haben die Eltern Ömers Ehefrau nie akzeptiert, die fast so alt ist wie seine Mutter. Und zweitens haben sie ihn zu Lebzeiten nicht einziehen lassen in das Haus. Welche Schmach.

Und dann ist da noch eine Wohnung, um die gestritten wird, die Eltern haben sie 1969 in Istanbul gekauft. Auch diese Wohnung offenbar eine Option, um möglicherweise irgendwann wieder zurückzukehren. Semira nennt sie eine »Kofferwohnung«, viele türkische Familien haben sich solche Rückzugsorte geschaffen. Ömer möchte sie behalten. Semira würde sie gerne verkaufen, sie kann sich nicht vorstellen, jemals in der Türkei zu wohnen.

Ich bin beeindruckt von dieser Familie. Was für eine Aufstiegsgeschichte! Vom einfachen Maurer zum Unternehmer, von der ungelernten Arbeiterin zur Geschäftsfrau, vom Wohnheim ins Eigenheim. Vielleicht haben sie über die Mühen des Aufstiegs und der Integration den Job als Eltern nicht optimal machen können. Darunter leiden – wie in so vielen bundesdeutschen Wirtschaftswunderfamilien – oft die Kinder. Es wird gerackert und geschuftet, aber Gefühle bleiben auf der Strecke.

Auch auf diese Geschwister trifft zu, dass sie quasi in unterschiedlichen Familien aufgewachsen sind. Der Bruder hat noch die Türkei erlebt, die Schwester eigentlich nur Deutschland. Zehn Jahre Abstand sind eine riesig lange Zeit. Es liegen Welten zwischen Ömer und Semira.

Ich frage den Familienberater Michael Bruckner, wie man aus einem solchen Konflikt wieder herausfinden könnte. Er hat viele türkischstämmige Familien beraten, und er war bemüht, ihnen zu helfen, die Balance zwischen Türkei und Deutschland zu finden, zwischen Heimat und Fremde. Für ihn ist klar, dass wir Menschen immer auch verschiedene, teilweise sogar sich widersprechende Seiten in uns haben, die man nicht gut unter einen Hut bringt. Den Umgang mit diesem Dilemma beim Erwachsenwerden zu lernen und ins eigene Leben zu integrieren ist oft eine große Herausforderung. Das ist bei Menschen mit familiärer Migrationserfahrung häufig verstärkt zu spüren. In unserem Gespräch über Semiras Geschichte sagte er dazu: »Oft kommt dann heraus, dass man gar nicht ganz mit dem Türkischen in sich brechen will, sondern nur mit einem bestimmten Teil.«

Ömer und Semira haben für diesen Prozess unterschiedliche Wege gefunden. Ömer will die Tradition bewahren und weitergeben. Semira will Ballast abwerfen. Vielleicht, denke ich, werden sie irgendwann den Weg des anderen akzeptieren. Noch ist die Trauer über den Vater ganz akut, vielleicht heilt auch hier die Zeit einige Wunden.

Als ich mich schon zum Gehen aufmache und die Jacke anziehe, sage ich, dass eine Wohnung in Istanbul eigentlich auch cool sein könnte. Viele in Deutschland geborene türkische Mädchen, die ich seinerzeit für meine Reportage getroffen habe, wollen unbedingt in Istanbul leben. Coole Kneipen, immer schönes Wetter. »Nichts für mich«, sagt Semira. »Ich will alles verkaufen und frei sein«, sagt Semira. »Ich will keine Wohnung in Istanbul! Nullinger.« Sie sagt jetzt wirklich »Nullinger«. Ein sehr deutscher Ausdruck. Er passt besser zu ihr als »Ich schwör«.

»Wir sollten uns mal zusammensetzen!«

*Du bringst den Römertopf mit, ich die Fotoalben.
Wie man ein Geschwistertreffen angehen kann*

Annette kommt zu unserem Treffen mit einem dicken Fotoalbum. Schwarz-Weiß-Fotos mit geriffeltem weißem Rand, schön ordentlich mit Fotoecken eingeklebt in ein kunstledernes braunes Album. Fotoecken! Ich werde ganz nostalgisch, gibt's die eigentlich noch? Die Fotos von Annette stammen aus den 60er Jahren. Auf jeder Seite des dicken Albums: Kinder, Kinder, Kinder.

Sie ist das zweitjüngste von acht Kindern, mit Cousinen und Cousins waren sie fünfzehn Jungen und Mädchen, die in einem Mietshaus im schwäbischen Reutlingen lebten. Die »Wir-sind-wir-AG« nannten sich die fünfzehn, und das sind sie bis heute: eine eingeschworene Gemeinschaft. Sie schreiben sich Briefe, sie feiern Geburtstage und mieten dafür einmal im Jahr eigens eine Berghütte an. Sie singen und musizieren zusammen.

Ich treffe Annette in Ludwigsburg in einem altmodischen Café, in dem scheinbar die Zeit stehen geblieben ist. Es gibt Biskuitrollen und Filterkaffee im Kännchen, das passt gut zu ihren Erzählungen. Für mich hört es sich zunächst so an, als sei die »Wir-sind-wir-AG« eine lebenslange Erfolgsgeschichte. Erst allmählich verstehe ich: Wie in der Wirtschaft auch, läuft diese AG nicht einfach so von selbst. Die AG hat viel dafür getan, dass es läuft. Und man kann sich einiges von ihr abschauen.

Annette erzählt, wie sie im Alter von siebzehn Jahren Tuberkulose bekam und ins Sanatorium nach Wangen im Allgäu musste. Jeden einzelnen Tag schrieben ihr die Geschwister reihum, sie hat die Briefe bis heute aufbewahrt. Einmal die Woche durfte sie Besuch bekommen, und immer kam ein anderes Geschwister, sogar als die Klinik komplett eingeschneit war, schlug sich einer der Brüder 200 Kilometer von Reutlingen nach Wangen zu ihr durch. Es klingt wie ein Roman von Hedwig Courths-Maler. Ein Idyll.

Und dennoch sagte Annettes nächstältere Schwester vor zehn Jahren: »Ich glaube, wir sollten uns mal zusammensetzen. Ich habe das Gefühl, ihr seht ein paar Sachen ganz anders als ich. Was ihr vom Vater erzählt, das befremdet mich. Und wir haben auch so vieles nie besprochen.« Die AG beschloss: Es gibt ein Schwesterntreffen, dann ein Brüdertreffen. »Und da«, erinnert sie sich, »kam raus: Meine Schwestern hatten meinen Vater ganz anders in Erinnerung als ich. Und sie fanden auch gar nicht toll, dass wir so viele waren. Sie fanden die Großfamilie total stressig.«

Also kam man ins Erzählen. Annette, die beim frühen Tod des Vater erst sechs war, konnte sich noch erinnern, dass am Sarg alle »Großer Gott, wir loben dich« gesungen hatten. Sie hatte eine friedliche Erinnerung an den Vater.

Aber ihre Schwester Adelheid, zehn Jahre älter als Annette, hatte ein ganz anderes Bild. »Vater war streng und autoritär«, erinnerte sie sich. Und dass er einmal den Johannes, den älteren Bruder, geschlagen hat, als der vergessen hatte, im Keller das Licht auszuschalten. Annette ist schockiert. Ihr Vater und Prügel? Das Bild ihrer Familie bekommt neue Facetten.

Für Annette war das Wochenende so wichtig, dass sie inzwischen dafür sorgt, dass es regelmäßig stattfindet. Sie hat bei diesen Wochenendtreffen viel von dem verstanden, wie sie heute ist. »Früher fand ich manchmal doof, dass ich die Zweitjüngste war und ein bisschen unterging. Bei den Treffen habe ich verstanden, dass mir das einen coolen Beobachterstatus verliehen hat: Ich konnte genau gucken: Was will ich von den Geschwistern übernehmen und was nicht.«

Die ganze Familie war streng katholisch und sehr konservativ. Eine Schwester ging ins Kloster, auf musikalische Bildung wurde großen Wert gelegt. »Das mit der Musik habe ich übernommen, ich wurde später Musikerzieherin. Aber das ganze Spießige – das wollte ich nicht.« Sie lernte später einen politisch aktiven Mann kennen, ging auf Demonstrationen mit ihm, traute sich, liberalere Ansichten zu äußern. »Dass ich mir diese Freiheiten genommen habe, hat bestimmt etwas mit meinem Beobachterstatus zu tun. Und das habe ich bei dem Schwesterntreffen verstanden.«

Auch über Ungerechtigkeiten wird bei den Geschwistertreffen inzwischen offen gesprochen. Dass der Markus als Einziger studieren durfte – katholische Theologie. Und welche Schmach es war, als er sich in eine evangelische Kommilitonin verliebte und mit ihr ein Kind bekam. Dass die Mädchen alle schnell Geld verdienen sollten, als der Vater starb. »Klar war das ungerecht«, fanden die Schwestern bei ihren Treffen, »aber es war halt die Zeit. In den 50er Jahren war das einfach so.«

Wenn man Annette zuhört, hat man das Gefühl: Diese Frau hat sich ausgesöhnt mit ihrer Familiengeschichte. Und man möchte direkt selber so ein Geschwistertreffen organisieren.

»Eine gute Idee«, findet der Familientherapeut Michael Bruckner. Er hat selbst noch drei Geschwister. Als seine Mutter starb, hinterließ sie jedem erwachsenen Kind einen Schuhkarton. Darin waren alle Briefe, die sie mit dem jeweiligen Kind ausgetauscht hatte, aber auch Krankengeschichten, Tagebucheinträge, Liebesbriefe und der Impfpass. Bruckner fand das tröstlich: »Wir konnten unsere Kartons vergleichen und darüber sprechen, wie unterschiedlich wir unsere Eltern in Erinnerung hatten.«

Denn, so der Psychologe: »Vier Geschwister, vier Eltern.« Jedes Geschwister hat die Kindheit anders in Erinnerung und jedes hat andere Seiten der Eltern für sein eigenes Leben übernommen. Bei dir war Papa streng, bei mir war er sanft. Ich habe Mama als tolle Gastgeberin in Erinnerung, und du? Wohl dem, der viele Geschwister hat: So könnte bei einem Treffen das Bild der Eltern bunt und komplett werden. Und jede und jeder kann sich selber besser verstehen: Warum bin ich so und nicht anders?

Mir ist der Gedanke mit den unterschiedlichen Seiten der Eltern noch ein paar Mal durch den Kopf gegangen, nachdem ich mit Michael Bruckner gesprochen habe. Bis dato hätte ich gesagt: Meine Schwester hat alles vom Vater übernommen, ich fast nichts. Jetzt denke ich darüber nach – habe ich doch einige Seiten von ihm geerbt?

Zunächst: Ich sehe meinem Vater total ähnlich, habe seine roten Bäckchen und seine hohe Stirn geerbt – was mich schon als Kind nervte, wenn Bekannte meiner Eltern sagten: »Die Ursula ist ganz der Papa!« Und nun fällt mir doch einiges ein, das ich von ihm übernommen habe. Er war zwar ein autoritärer Mann und Vater, das wollte ich nie weitergeben. Aber er war ein sehr menschlicher Chef. Wie oft sind wir als Kinder mitgefahren, wenn er wieder mal einen Krankenbesuch bei einem Monteur machte oder seiner Assistentin half, eine Wohnung einzurichten. Ich glaube – auch wenn ich nie, wie er, in die Automobilindustrie gegangen wäre –, diese Führungswerte sind mir heute wichtig. Ich bin auch Chefin und auch ich versuche menschlich und empathisch zu sein. Und mache gern Krankenbesuche!

Wie kann man so ein Treffen angehen, wie Annette es jährlich organisiert? Man kann zum Beispiel seine Geschwister bitten, dass jeder etwas aus dem Elternhaus mitbringt. Vielleicht hat der Bruder den Schnellkochtopf mitgenommen, die Schwester das Teegeschirr und man selber den Kerzenhalter aus Messing. Man könnte an diesem Wochenende jeden bitten, ein Teil mitzubringen und vielleicht seine Leibspeise darin zu kochen.

Man kann auch alte Familienfotos nehmen und neu nachstellen – Freunde von mir haben sich neulich einen Riesenspaß daraus gemacht. Einen Spaß, bei dem auch die eine oder andere Träne floss. Denn in kurzem Abstand waren letztes Jahr Mutter und Vater gestorben. Und mein Freund Stefan lud seine beiden Schwestern für ein Wochenende an den Bodensee ein, wo sie früher als Familie Urlaub gemacht hatten. Sonntagabend schickte er mir lauter lustige Fotos. Meersburg 1974: Bruder vor Blumenrabatten, kleine Schwester auf einem Bein, kleinste Schwester zeigt den Vogel. Meersburg 2024, Blumenrabatte (ja, es gibt sie noch! Mit derselben Tulpensorte): Bruder, inzwischen Brille und wenig Haare, in der Mitte, Schwester auf einem Bein, kleinste Schwester zeigt den Vogel... Das Nachstellen der Fotos, sagt Stefan, habe allen dreien sehr geholfen. Auch wenn Sabine inzwischen nicht mehr sooo lange auf einem Bein stehen könne. Nein, es müssen nicht die Pastetchen oder Mettigel aus den 70ern sein, keiner muss Retropartys oder Fotos inszenieren. Aber etwas kochen, das alle mögen – so wie Mama das immer gemacht hat?

Und dann kann man sich viele Fragen stellen: Wann hat Papa dich zum Lachen gebracht? Wie hat Mama dich getröstet? Was hat sie dir beigebracht? Wann warst du wütend auf ihn? Wann hat sie dich zum Nachdenken gebracht? Wofür bist du dankbar? Welchen Auftrag hast du mitgenommen, welchen Auftrag empfindest du als Last?

Psychologe Bruckner findet eine Sache besonders wichtig: »Man muss sich nicht mit den früheren Erlebnissen versöhnen. Man kann sie auch stehen lassen. Akzeptieren, was ist.« Das gilt erst recht für schlimme Erinnerungen, für Prügel oder andere Formen von Gewalt. Damit muss sich niemand aussöhnen. Aber man kann lernen zu akzeptieren, was Teil der eigenen Geschichte ist.

Der Gewinn von einem solchen Treffen kann auch sein, mit Ungerechtigkeiten nicht länger zu hadern. Ich habe viele Freundinnen, die sehr darunter leiden, dass ihre Brüder so bevorzugt wurden. Schon in der Kindheit: Der Bruder musste nie den Tisch abräumen, der Bruder bekam zum 18. Geburtstag ein Auto vor die Tür gestellt. Viele von ihnen leiden bis heute darunter, dass die Brüder scheinbar an erster Stelle stehen im Herzen der Eltern. Wie viele meiner Freundinnen kümmern sich rührend um die alte Mutter im Pflegeheim. Aber wenn dann einmal im Vierteljahr der Bruder auftaucht, dann ist er der King.

Vielleicht gelingt es bei einem Geschwistertreffen, diese Ungerechtigkeiten auf den Tisch zu legen. Sich klar zu werden: Das alles ist erst mal das Thema der Eltern. Sie waren damals – in den 50er und 60er Jahren – Kinder ihrer Zeit. Sie sind heute alt und werden sich nicht mehr ändern (können). Es macht für mich als Tochter keinen Sinn, meinen Bruder dafür zu verhaften. Es macht allerdings schon Sinn, ihm klarzumachen: Du bist jetzt erwachsen und lebst in einer Gesellschaft, die andere Rollenauffassungen hat. Ich erwarte heute von dir, dass du deinen Teil zur Pflege beiträgst.

»Man kann nicht alles ausgleichen«, sagt Bruckner, »diese Erkenntnis gehört auch zum Erwachsenwerden.« Es gibt nun mal keine universelle Gerechtigkeit. Vielleicht hatte der Bruder den Vater, den man gerne gehabt hätte. Dafür erlebte man selbst andere Seiten. Diese zu erinnern und wertzuschätzen, einen milden Blick zu entwickeln, kann viel zum eigenen Seelenfrieden beitragen. Ich will damit nicht sagen, dass das ein leichter Weg ist. Im Gegenteil. Aber ein Weg, der sich lohnt.

Wenn jeder seine Anekdoten erzählt, gilt es allerdings, ein paar vermeintlich einfache, aber immer wieder schwer umzusetzende Spielregeln zu beachten:
1. Wenn eine erzählt, soll sie ausreden dürfen.
2. Die anderen sollten nicht bewerten, was da erzählt wird.
3. Und das Wort »aber« sollte in solchen Gesprächen am besten gar nicht vorkommen.

Annette, die zweitjüngste aus der achtköpfigen Geschwisterschar, möchte die Treffen nicht mehr missen. Sie ist jetzt 68, einer ihrer Brüder ist bereits gestorben. Noch immer treffen sich die Geschwister einmal im Jahr. Neulich fand das Treffen bei ihr zuhause in München statt, und am ersten Abend wurden nur mal schnell Weißwürste warm gemacht, weil niemand Zeit hatte, ein großes Essen zuzubereiten. »Gut hast gekocht, Mädle«, sagte der Älteste und er meinte es vermutlich gar nicht böse. »Aber ich war stinksauer«, sagt Annette. »Gekocht! Der traut uns Kleinen doch bis heute nichts zu.« Ist doch prima, so hat sie gleich ein Thema fürs nächste Geschwistertreffen.

Seit ich Annette getroffen habe, höre ich immer öfter, dass Geschwister von regelmäßigen Wochenenden berichten. Das war mir vorher auch im Freundinnenkreis gar nicht so aufgefallen: Wie viele Geschwister sich ein Ritual einfallen lassen, damit der Kontakt erhalten bleibt. Wie schön! Bei einer kirchlichen Feier treffe ich einen Kollegen, der mir so begeistert von seinen Geschwistertreffen berichtet, dass ich stutzig werde. Moment, ausgerechnet diese Brüder? Die ich vor Jahren interviewt habe, weil sie so gegensätzlich waren wie Feuer und Wasser? Ich will wissen, was seit meinem Besuch damals passiert ist.

Passiert ist vor allem der Tod der Mutter. »Bis dahin haben wir Brüder uns eigentlich nur bei Familienfesten und Beerdigungen getroffen«, sagt Jörg, ein evangelischer Pfarrer. Telefoniert hätten sie selten. War auch nicht nötig, denn die Mutter hielt alle drei auf dem Laufenden. »Wie ein Kommunikationsstern«, sagt Jörg: Sie rief immer am Sonntagabend nacheinander ihre drei Söhne an und vermeldete, was sie an Nachrichten über die Brüder für relevant hielt. »Durchaus manipulativ«, schmunzelt Jörg, »sie gab nur weiter, was ihr in den Kram passte.«

Vor zehn Jahren ist der Stern verglüht, die Mutter gestorben. »Da hätten wir drei uns verlieren können«, sagt Jörg. »Aber wir haben beschlossen: Wir nehmen das jetzt selber in die Hand.« Einmal im Jahr gibt es seither ein Bruder-Wochenende, ohne Ehefrauen, ohne Kinder. Seither haben sich die Brüder, zwischen denen bis dahin politisch Welten lagen, so angenähert, dass sie inzwischen sogar miteinander Segelurlaub machen.

Wie die beiden Hauptstreithansel es mittlerweile zusammen aufs Segelboot schafften und welche Rolle der dritte Bruder dabei spielt – das wollte ich genauer wissen und bat um ein Gespräch mit allen dreien.

»Wir haben uns in der Mitte unserer Unsicherheiten getroffen.«

Wie ein Bundeswehroffizier und ein Friedensaktivist wieder zueinanderfanden – und welche Rolle der kleine Bruder dabei spielte

Als ich Jörg und Daniel vor Jahren kennenlerne, stehen sie noch mitten im Berufsleben: Daniel, Jahrgang 1955, ist in einer hohen Position bei der Bundeswehr. Ein kleiner bärtiger Mann mit akkuratem Haarschnitt und fester Stimme, kurzen Sätzen. Jörg, drei Jahre jünger, ist evangelischer Pfarrer in Wiesbaden. Er ist größer als Daniel, ein eher weicher Typ, der lange an seinen schönen Sätzen drechselt.

Der Vater war Kriegsteilnehmer, U-Boot-Offizier, er überlebte einen Treffer der britischen Marine und blieb Zeit seines Lebens schwer verwundet. Er studierte nach dem Krieg Theologie und wurde zeitweilig sogar Militärpfarrer. Ein stramm konservativer, autoritärer Vater und Ehemann, so schildern ihn beide.

Auf den ersten Blick haben die beiden Brüder die unterschiedlichen Rollen des Vaters auf sich verteilt. Der eine wurde Soldat, der andere Pfarrer. Doch die Realität ist komplexer. Beim Gespräch in Wiesbaden berichten sie mir, wie sie sich seinerzeit über den Nato-Doppelbeschluss so gefetzt haben, dass Skistöcke durch die Gegend flogen. Der Vater und der große Bruder beide stramm konservativ. Der Zweitgeborene Kriegsdienstverweigerer und links, er war 1983 bei der Menschenkette gegen Pershings und Cruise Missiles dabei. »Dass ich Pfarrer wurde, war nicht etwa der Wunsch meines Vaters«, sagt Jörg. »Ich wollte ihm zeigen: auch ein Linker wie ich kann das schaffen.«

Das Treffen mit den ungleichen Brüdern ist ein Schlagabtausch über Schnellboote und Kriegstraumata. Und über eine Mutter, die immer versuchte, bei Toast Hawaii die Streithansel wieder an einen Tisch zu bringen.

Es gab allerdings schon von Anfang an rührende Szenen der Brüderlichkeit. Wie Daniel zum Beispiel seinen langhaarigen kleinen Bruder tapfer mit in die Kaserne nahm, ohne sich für ihn zu schämen. Natürlich gab es klare politische Differenzen. Über Bundeswehr, den Kalten Krieg und die Rolle der USA. Ein blinder Fleck blieb bei dem Treffen im Jahr 2011 allerdings: Den Dritten im Bunde, Benjamin, er ist der Jüngste. Er ist weitere drei Jahre jünger als Jörg und auch er hat Karriere gemacht: Er ist Richter beim Landgericht einer größeren Stadt.

Dieses Mal will ich alle drei Brüder treffen, die beiden großen sind mittlerweile im Ruhestand. Wir verabreden uns per Zoom um 18 Uhr. Ich hätte wetten können, wer als Erster kommt. Denn auch damals, beim Treffen in Wiesbaden, hatte Daniel unser Gespräch begonnen mit den Worten »Ich bin ja der Ältere, ich fang mal an.«

Und so schaltet sich um 17.55 Uhr Daniel, der Soldat, wie erwartet als Erster zu: »Guten Abend, mal sehen, wann Jörg kommt, inzwischen ist der ja auch ab und zu mal pünktlich.« Der Große bleibt der Große. Bis die anderen kommen, erzählt er mir, wie er mit seinem Lions Club gerade eine Schar Kinder zum Zoo begleitet hat. War nicht so gut organisiert, der Ausflug, meint er. Er musste mal eben die Führung übernehmen. Keine Frage, dieser große Bruder hat bei der Bundeswehr seine Bestimmung gefunden, im Ruhestand engagiert er sich ehrenamtlich.

Natürlich sind alle drei pünktlich, Videogespräche kennen sie gut, seit sie alle zwei Monate einen Brüderzoom machen. Und einmal im Jahr ein Brüdertreffen. Also haben die drei ehemals entfernten Brüder inzwischen richtig viel Kontakt! Wie kam es zu der Verbrüderung über die Schützengräben hinweg?

Da ist zum einen die Zeitgeschichte. Erst Afghanistan. Dann der Angriff Russlands auf die Ukraine. Und natürlich immer der Nahe Osten. Keine einfachen Zeiten für Radikalpazifismus. Der große Bruder sagt: »Jörg, du bist ja inzwischen viel überlegter und moderater geworden als damals bei deiner Kriegsdienstverweigerung.« Es könnten jetzt die Fetzen fliegen, denn eigentlich ist das ja eine Unverschämtheit, in Anwesenheit des »Kleinen« so über ihn zu sprechen.

Der Kleine ist inzwischen 66, seine Kriegsdienstverweigerung liegt über vierzig Jahre zurück! Aber der ehemalige Pazifist lächelt: »Ich bin altersmilde.« Und es stimme doch für beide Brüder: »Spätestens bei Afghanistan wurde klar, keiner von uns beiden ist sich seiner Sache so sicher. Wir haben uns in der Mitte unserer Unsicherheiten getroffen.« *In der Mitte der Unsicherheiten.* Das ist wieder so ein Jörg-Satz, an dem er sicher vorher gedrechselt hat. Ein schöner Satz.

Nahegekommen sind sie sich auch, weil sie sich jetzt viel häufiger sehen. Seit die Mutter nicht mehr lebt, wird reihum jedes Jahr ein Treffen organisiert. Der Gastgeber kocht, lädt ins Museum ein. Benjamin will nächstes Mal sogar mit den schönen blauen Tellern kochen, die er nach dem Tod der Mutter aus dem Elternhaus mitgenommen hat.

Und genau jener Benjamin, der jüngste der drei Brüder, ist wohl der wichtigste Grund, warum die beiden älteren heute miteinander reden, kochen, ja sogar in den Urlaub fahren können. Jörg sagt plötzlich über seinen kleinen Bruder Benjamin: »Du warst der Erste in meiner Familie, der sich für mich als Mensch interessierte.« Was für eine Liebeserklärung!

Benjamin – soweit man das am Bildschirm beurteilen kann – ist von den drei Brüdern der emotionalste, aber auch der reflektierteste. Und ein wunderbares Beispiel für die These des Geschwisterforschers Frick, dass die Rangfolge zwar wichtig ist. Es aber immer drauf ankommt, wie man sie selber bewertet.

Denn eigentlich war die Rolle des kleinen Benjamin äußerst undankbar: »Für mich als Kleinsten hat sich keiner interessiert«, sagt er. »Wenn ich mit einem A nach Hause kam, das ich in der Grundschule gelernt hatte, war Daniel schon beim lateinischen Ablativ.« Und da sich die beiden Großen immerzu gefetzt hätten – »hat mich gar keiner beachtet. Ich war nicht wichtig.«

»Ich war nicht wichtig«, aus diesem Satz würden manche Menschen ein lebenslanges Drama machen. Benjamin aber nahm ihn als Chance wahr. »Die beiden Berufe meines Vaters waren an meine beiden großen Brüder vergeben, ich hatte die totale Freiheit. Und mit euren Streitigkeiten hatte ich nichts zu tun.« Benjamin machte Sport mit Daniel, Benjamin lernte das Diskutieren mit Jörg. Pickte sich von beiden das Beste heraus. Und zeigte damit beiden Brüdern: Du bist für mich mehr als der Militärheini oder der zottelige Hippie. Für mich bist du ein Bruder, ein Mensch. Wie schön, dass dieser kleine Bruder später Richter geworden ist – denn seine Mission als Friedensstifter scheint er bravourös gemeistert zu haben.

Benjamin ist auch der Familienversteher: Er hat die Familiengeschichte recherchiert, er weiß, wer mit wem verwandt ist. »In welcher Linie stehe ich? Was ist unser familiäres Erbe?« Das sei wichtig für sein Leben, findet er. Und für das der Kinder, Nichten und Neffen. Mit denen spielt Benjamin auf Festen manchmal ein Quiz: »Ich denke an die älteste Tante meiner jüngsten Cousine – an wen denke ich gerade?«

Nicht alles war gut an der Nesthäkchenrolle, sagt er noch. Später im Leben, als Leiter einer großen Behörde, musste er das lernen: »Ich bin ja doch wichtig!« Das hatte ihm in der Familie keiner vermittelt. Aber auch das ist das Angenehme an diesen drei Brüdern: Sie denken viel drüber nach, wie die jeweilige Geschwisterposition sie geprägt hat. Und sie sind erwachsen genug zu entscheiden, was sie daraus machen.

Als ich mich aus dem Videogespräch verabschiede, bin ich mir sicher: Sie werden noch lange weitersprechen. Denn obwohl sie sich so oft treffen und von den gemeinsamen Urlauben so schwärmen, dass einmal sogar das Stichwort »Rosamunde Pilcher« fällt, haben sie heute im Gespräch mit mir als Außenstehende, die sich für ihre Geschichte interessiert, einiges doch zum ersten Mal gehört. Benjamin hat erzählt, wie er als Kind vom Vater in den Keller gebracht und dort auf den nackten Hintern geschlagen wurde – das wussten die beiden Großen gar nicht. Seltsam.

Und dass sie »immer gleich behandelt wurden, Taschengeld, Hobbys, alles« – darüber müssen sie vielleicht auch noch mal nachdenken. Denn mir sind da beim Zuhören leise Zweifel gekommen. Das sind ja keine Heiligen. Das ist eine ganz normale Familie. Und da geht's nie ganz gerecht zu.

Der Mythos von der absoluten Gerechtigkeit

Warum alle Eltern darauf pochen, Geschwister genau gleich zu behandeln. Und warum das gar nicht möglich ist

Kein Satz fällt öfter in meinen Gesprächen: »Meine Eltern haben uns absolut gleich behandelt und genauso handhabe ich es auch bei meinen Kindern.« Mir wurden Listen gezeigt, in denen akribisch notiert worden war, welches Kind wie viel Geld wofür bekommen hatte in der Ausbildung. Und bei den drei Brüdern aus dem vorherigen Kapitel wurde hinzugefügt: »Und wir haben auch keine Rechnung offen.«

Das fand ich besonders lustig, denn schon bei der Terminplanung mit den drei Brüdern ging das Gefeilsche los. »Terminlich bin ich offensichtlich nicht so flexibel wie mein Bruder, da ich durch Sport, Chorgesangprobe und Posaunenchor gebunden bin«, vermeldete der Bundeswehrmann im Ruhestand – da musste ich das erste Mal schmunzeln. Konkurrenz um die Terminkalender. Wer ist der Aktivste? Brüderliche Kabbelei.

Und als es dann, der Termin war gefunden, darum ging, dass die Mutter ja alle gleich behandelt habe, kam doch von einem Bruder die Einschränkung: »Du, Jörg, hast ja mehr profitiert von Mutter, sie hat, glaub ich, oft auf eure Kinder aufgepasst.« Worauf der angebliche Profiteur gleich zu erwidern wusste: »Ich wohnte ja nahe dran, ich musste den kompletten Nachlass sichern, da stehen jetzt viele Kisten in meinem Keller.«

Alles ganz normal. Völlige Gleichbehandlung von Geschwistern ist ein Mythos, den man gar nicht einlösen kann. Aber er wird vielleicht in unserer Generation besonders hochgehalten. Wir sind aufgewachsen mit dem Versprechen der Bildungsgerechtigkeit nach 1968. Wir haben uns in den 70ern die Geschlechtergerechtigkeit erkämpft. Keine Frage, Gerechtigkeit ist ein hohes Gut für uns.

»Die meisten Eltern wollen gerecht sein und das ist gut so«, sagt der Schweizer Geschwisterexperte Jürg Frick. Aber er fügt hinzu: »Absolut gerecht wäre das größte Unrecht.« Geschwister brauchen meistens ganz unterschiedliche Dinge. Die eine will viel in den Arm genommen werden, der andere braucht seine Ruhe. Kluge Eltern gehen darauf ein, welches Maß an Fürsorge und Zuwendung gerade gebraucht wird. Ohne dabei eine zu genaue Buchhaltung zu führen.

Und was ist mit materiellen Gütern? Soll es da nicht komplett gleich zugehen? Das ist ein heikles Kapitel und der häufigste Grund für Streitereien unter Geschwistern. Vor allem, wenn es ums Erbe geht. Drum habe ich mich fürs nächste Kapitel nach Maastricht aufgemacht, um einen ausgewiesenen Experten zum Thema Gleichheit und Gerechtigkeit zu interviewen.

Gerecht vererben und gerecht erben

*Was der Unterschied zwischen
»Equity« und »Equality« ist.
Besuch beim Sozialpsychologen Kai J. Jonas*

Wer den Sozialpsychologen Kai Jonas in seinem Uni-Büro besucht, ist sofort im Thema. »Bitte, nehmen Sie Platz auf dem alten Lehnstuhl, der ist von meinem Opa. Und so ziemlich das Einzige, was für mich übrig geblieben ist, nachdem die Geschwister meiner Mutter das Haus leer geräumt hatten.« Er zwinkert. »Für mich war das okay. Ich hätte das Meissener Porzellan eh nicht gewollt. Aber so viel zum Thema: Wir Geschwister teilen uns alles gerecht auf.«

Ich sitze also auf einem Lehnstuhl, der mit einem Schaffell bedeckt ist und lausche dem Psychologen, der sich sicher ist: »Wer beim Erben und Vererben total gerecht sein will, kann nur scheitern.« Das finde ich interessant, denn fast alle Geschwister, die ich gesprochen habe, wollen genau das: Es soll gerecht zugehen. Und ältere Menschen, die ich kenne, sagen:

Ich habe meine Kinder immer gleich erzogen, und so soll es auch sein, wenn ich sterbe: Alle bekommen gleich viel. Und genau das, sagt Jonas, geht gar nicht.

Jonas ist ein cooler Typ, jung, polyglott, Lehrstuhl in Maastricht. Mit seinen Studierenden kommuniziert er vor allem über Instagram, man sieht ihn dann über die Flure laufen und chatten. In seinem Büro hängt ein großes Porträt von Anne Frank, die aber eine *Keffiyeh* trägt, das Palästinensertuch Heute lehrt er in Maastricht, wo ich ihn an einem Montag im September treffe, an dem gerade das Semester begonnen hat. »Ça va, Kai«, »Hey Prof«, »hoi, meneer« – die Studierenden hier kommen aus aller Welt. Es sind vielfach junge Frauen, die Psychologie studieren. Jonas hält nicht nur Vorlesungen, er ist auch Tutor, kümmert sich also darum, wie es den jungen Leuten geht. Und vielen von ihnen geht es nicht so gut seit Corona. Der Mann steht mitten im Leben und mitten aus dem Leben kommt auch seine Expertise beim Thema Vererben. Mit seinem Vater, einem Unternehmensberater im »Unruhestand« aus Bayern, hat er ein Buch geschrieben: *Konfliktfrei vererben*. Vater und Sohn beraten auch Familien, die vor der Erbfrage stehen.

Im Buch raten sie, sich frühzeitig mit den Kindern und anderen potenziellen Erben zusammenzusetzen und zu klären: Wer bekommt was? Und dabei im Auge zu behalten, dass manche Dinge nicht teilbar sind und man deshalb »kompensatorisch« denken muss. Da gibt es das Beispiel einer Familie aus Pommern, die auf der Flucht nach dem Krieg als einziges Erinnerungsstück ein Familiensiegel retten konnte, es bedeutet allen viel. Um das Siegel ranken sich stundenlange Erzählungen um Flucht, Tauschhandel und Erlebnisse während der Flucht.

Der Vater hat drei Kinder aus zwei Ehen, und er denkt frühzeitig darüber nach, wer das Siegel – das man nicht aufteilen kann – bekommen soll. In einem Beratungsgespräch wird folgende Lösung gefunden: Der Jüngste bekommt das Siegel. Dafür bietet der alte Herr seinen beiden Töchtern aus erster Ehe an, sich in den verbleibenden Jahren bis zu seinem Tod mehr um sie und die Enkel zu kümmern, mehr Zeit mit ihnen zu verbringen. Alle sind einverstanden.

Als ich bei Jonas im Büro sitze, muss ich ihm leider sagen, dass ich diese Geschichte mit wenig Erfolg meinen Kindern aus erster und zweiter Ehe erzählt habe. Hä? Ein Siegel? Wer will denn sowas, sagten meine Kinder und Stiefkinder. Und viel Zeit mit den Eltern scheint auch nur mäßig attraktiv. Nun gut, meine Kinder sind gerade erst dabei, sich vom Elternhaus zu verabschieden. Da ist »viel Zeit mit den Eltern verbringen« nicht gerade das attraktivste Versprechen. Aber Jonas bleibt dabei: »Ersetzen Sie Familiensiegel durch Patek Philippe, die vielleicht die Lieblingsuhr Ihres Vaters war, die können Sie auch nicht auseinanderschneiden.« Klar, man kann im Netz schauen, was sie kostet. Aber der ideelle Wert, Vaters teuerster Besitz, sei schwer auszugleichen. »Sie könnten«, schlägt er vor,»dem anderen Kind jährlich einen Urlaub an einem Ort spendieren, wo es die coolsten Insta-Fotos ever machen kann.«

Zwar sind auch Armbanduhren und Insta-Fotos nichts für unsere Familie, aber was mir gut gefällt an Jonas' Ansatz: Kreativ werden. Miteinander reden, frühzeitig. Und großzügig sein. Denn Jonas ist sicher: »Der Typ Buchhalter scheitert. Immer!« Buchhalter meint – jeden Cent aufschreiben, den man einem Geschwister bezahlt hat –, um spätestens beim Vererben richtig und gerecht zu verfahren. Aber was ist wirklich gerecht?

Der Forscher rät, zwischen »Equity« und »Equality« zu unterscheiden. Der amerikanische Psychologe Morton Deutsch hat diese Begriffe in den 80ern geprägt: Während »equality« meint, dass alle exakt dasselbe bekommen, meint »equity«: Jeder bekommt, was er oder sie braucht. Ein Prinzip, das viel zu selten in Familien angewandt wird: Die Tochter, die durch Krankheit oder Arbeitsplatzverlust finanzielle Einbußen hat und zwei Kinder versorgen muss, wird mehr unterstützt als der finanziell erfolgreiche, aber kinderlose Bruder.

Aber selbst bei diesem Prinzip kann es Schieflagen geben. Jonas erzählt von einer Handwerkerfamilie, in der es gar nicht viel Geld zu vererben gab, aber einen Youngtimer-Mercedes, der rund 20 000 Euro wert war. Die Idee des Vaters: Den Mercedes bekommt der Sohn. Die Tochter hingegen wird bei der Renovierung ihres Hauses unterstützt, durch Handwerkerleistungen, die ungefähr 20 000 Euro wert sind.

Als der Vater starb, entstand wieder eine neue Situation. Das Haus der Tochter war durch ein Hochwasser und die damit verbundenen Flutschäden fast wertlos geworden. Das Auto hingegen war im Wert gestiegen. Auf 35 000 Euro. »Da hilft nur eines«, sagt Jonas, »miteinander ins Gespräch kommen, ob es noch mal eine Anpassung gibt. Und ansonsten mit der Enttäuschung umgehen.«

Enttäuschung ist ein Gefühl, das alle Notare kennen: Söhne und Töchter, die tief gekränkt sind, wenn das Testament eröffnet wird. Dem kann man zwar ein Stück weit vorbeugen, wenn man zu Lebzeiten redet. Aber ganz vermeiden lässt sie sich eigentlich nicht, sagt der Psychologe. »Mit Enttäuschung muss man als Erwachsener auch umgehen können.« Es komme auch darauf an, in welcher Phase der Trauer sie einen ereilt – denn meist erfährt man ja erst nach dem Tod der Eltern, wie viel man bekommt.

Bei der Trauer unterscheiden Psychologinnen fünf Phasen: Erst will man den Tod nicht wahrhaben, dann wird man zornig. Der Wut folgt die Frage, ob es nicht auch anders hätte ablaufen können – die imaginäre »Verhandlung«, ein »was wäre wenn ... – anschließend eine traurige, oft auch depressive Phase – und erst danach kann man dem Tod des geliebten Menschen »zustimmen«, sich am Ende auch damit abfinden.

»Wenn die Kränkung und Enttäuschung über das zu kleine Erbe zufällig in die Phase des Zorns fällt, kann es die Erberfahrung verschlimmern«, sagt Jonas.

Allgemeine Ratschläge will er nicht geben, natürlich ist jede Enttäuschung anders. Und im schlimmsten Fall kann ein Abschiedsritual helfen. Die Schwester bekommt das Haus, man kann auch juristisch nichts dagegen machen – dann kann es tatsächlich helfen, sich wirklich davon zu verabschieden. »Solche Erlebnisse können Mikrotraumata auslösen«, sagt Jonas. Er kennt eine Traumatherapeutin, die in ihrem Werkzeugkasten auch unkonventionelle Methoden hat. Zum Beispiel Voodoopuppen.

Das klingt alles sehr sinnvoll: Rechtzeitig reden. Therapeutische Hilfe suchen. Auch die Diagramme in Jonas' Buch sehen extrem klar und strukturiert aus. Allein: Ich kenne niemanden, der das so vernünftig angeht. Ich kenne noch nicht mal viele Leute, die ein Testament haben, geschweige denn regelmäßig mit ihren Kindern darüber sprechen. Jonas nickt. »Wir Deutschen sind wirklich ganz schlecht darin, übers Vererben zu sprechen.«

Ganz anders in den Niederlanden, wo er inzwischen lebt: »Wenn Sie hier eine Wohnung kaufen, bekommen Sie eine Broschüre mit dem Titel ›Mein Testament‹. Und alle zehn Jahre kommt Post vom Familiengericht: Haben sich Ihre Lebensumstände geändert? Möchten Sie Ihr Testament anpassen?«

Klingt so simpel, dass man sich fragt – warum nicht auch bei uns? Jonas glaubt, es liegt auch an der deutschen Vergangenheit. »Wenn ich ein Testament mache, vererbe ich ja nicht nur Materielles. Sondern auch ein Stück Geschichte. Wofür stehe ich? Was hat meine Familie für eine Rolle gespielt im Krieg, nach dem Krieg? Inwieweit waren sie in der DDR Teil der SED oder der Stasi?« Die schweigende Generation der deutschen Kriegskinder habe eben vorgezogen, sich dem nicht zu stellen.

Dabei meint der Forscher nicht nur so krasse Fälle wie den Großvater, der tatsächlich Raubgold in seinem Nachlass bunkerte. Er meint nicht nur böse Dinge, Hakenkreuztassen und Kriegsorden. Er meint, dass eine ganze Generation das Gespräch mit den Kindern meide, weil sie selbst nie das Sprechen gelernt hat.

Und so treffen sich an den Tischen von Testamentsvollstreckern und Notarinnen immer noch viele Geschwister, die nie mit ihren Eltern darüber gesprochen haben, was denn nun mit deren Dingen und Angelegenheiten werden soll nach dem Tod. Und die oft sehr unterschiedliche Auffassungen davon haben, was sich wohl die Eltern gewünscht haben.

Leider greift hier oft ein Mechanismus, den die Psychologie vor allem aus der Scheidungsforschung kennt. Kai Jonas nennt es das »adaptive Gedächtnis«: »Wir konstruieren uns eine Erinnerung, die unserer jetzigen Wahrnehmung am zuträglichsten ist.« Wenn ich in Scheidung lebe, verblassen die guten Erinnerungen, das Gehirn, vereinfacht gesagt, entscheidet: Ist jetzt nicht relevant – und schiebt die schlechten Erinnerungen nach vorne.

»Ähnlich ist es bei Geschwistern«, sagt Jonas. »Wenn ich im Streit bin, vielleicht ums Erbe, dann fällt mir ein, wie meine Schwester meiner Puppe die Haare abgeschnitten hat. Und vergesse dabei komplett, dass sie mich auch mal im Freibad vor dem Ertrinken gerettet hat.«

Ich finde das sehr einleuchtend. Und ich bin froh, dass ich mit meiner Schwester und meiner Mutter immer wieder Fotoalben durchblättere, dass wir uns alte Geschichten erzählen. Auch mein Gedächtnis ist ja kein Hochleistungsmotor, es wählt aus, was gerade passt.

Und so bestätigt mein Besuch in Maastricht wieder: Es ist gut, wenn wir uns regelmäßig mit unseren Geschwistern treffen. Die unterschiedlichen Seiten von Mutter und Vater beleuchten, die guten und auch die doofen Erinnerungen pflegen. So werden wir eines Tages, wenn die Eltern sterben, nicht völlig unterschiedliche Narrative über unsere Leben in die Welt setzen.

Eine Stunde ist vorbei, der Prof muss in die nächste Vorlesung, schon im Aufzug bestürmen ihn die Studierenden. Ob er denn eigentlich Geschwister hat, will ich wissen. Nein, er ist Einzelkind, und die hätten es ja auch nicht leicht. Eigentlich sei Einzelkind zu sein das Allerblödeste überhaupt. Sagt er und verschwindet in seinem Hörsaal.

Ich fahre zurück nach Köln, und mir fällt ein, was der berühmte Psychotherapeut Wolfgang Schmidbauer im Januar 2023 in der Süddeutschen Zeitung geschrieben hat: »Geschwister sind schrecklich. Aber keine zu haben, ist schlimmer.«

Ich freue mich jetzt richtig darauf, zu einer Familie zu fahren, die im ersten Anlauf daran gescheitert ist, das Familienerbe gut zu verwalten. Aber die genau das getan hat, was Kai Jonas empfiehlt: Reden. Sich zusammensetzen. Und Hilfe in Anspruch nehmen. Man muss nicht alles selber schaffen. Das zeigt das Drama mit Happy End, von dem mir Kerstin erzählt.

»Und dann haben wir uns helfen lassen.«

Wie drei Schwestern das Lebenswerk der Mutter retten wollen – und sich dabei total übernehmen. Sie haben verstanden: Das schaffen wir nicht alleine

Ich kenne Kerstin seit der Geburt meines ersten Kindes, sie war meine Hebamme. Eine taffe, zupackende Frau, so alt wie ich, verheiratet mit einem netten Buchhändler, die beiden haben zwei Söhne im Alter von meinen Söhnen, also Mitte zwanzig.

Ich kann mich erinnern, dass sie in der Turnhalle, in der sie vor gut 25 Jahren die Rückbildungsgymnastik anleitete, eine große Entschlossenheit ausstrahlte: »Klar kannst du dein Kind hier im Zimmer nebenan auf die Matte legen, die Kollegin kümmert sich.« Für manche von uns Erstgebärenden war das eine echte Herausforderung. Eine ganze Stunde. Sechzig Minuten. Getrennt von unserem Baby! Ich bin ihr bis heute dankbar für diese klare Ansage. Keines der Kinder hat einen Schaden davongetragen.

Ich besuche Kerstin in ihrer Dachgeschosswohnung in Köln, in der sie gerade die Türen neu lackiert. Sie ist eine Macherin, wenn sie ein Projekt abgeschlossen hat, dann braucht sie sofort das nächste. Aber mit einem Projekt hat sie sich übernommen, das sagt sie selbst. Kerstin wollte mit ihren beiden Schwestern gemeinsam den legendären Friseurladen ihrer Mutter nach deren Tod weiterführen. Das ging komplett daneben.

Um zu verstehen, wie unterschiedlich die drei Schwestern ticken, erzählt sie mir die Geschichte eines Regalbretts.

Die Mutter ist gestorben, die drei Schwester überlegen, wie man den alten Friseurladen ein bisschen auf Vordermann bringen kann. Sie stehen vor einem Regal. Mutti hatte hier ihre Farbtiegel von Wella und L'Oréal deponiert. Mutti war Friseurin. Nicht irgendeine Friseurin, sie war DIE Friseurin in dem kleinen Eifeldorf, Salon Gabi. Der soziale Fixpunkt für den ganzen Ort. Die Männer gingen in die Kneipe. Die Frauen zu Gabi. Der Salon war ihr Leben und Wella und L'Oréal verhießen Hollywood, Côte d'Azur und die große Welt. Einmal lud Wella Mutti sogar nach Kuba ein, Vati durfte mit, es war sehr aufregend, die beiden fuhren in diesen riesigen alten bunten Autos und man sprach noch lange davon in dem kleinen Dorf.

Jetzt ist Gabi nicht mehr da. Die drei Töchter stehen im Kabüffchen, in dem ihre Mutter immer die Friseurfarbe angerührt hat. Iris, die älteste der drei, sagt: Das Regalbrett muss erst abgeschliffen, grundiert und anschließend zum Trocknen in den Garten gelegt werden. Kerstin sagt: Das Brett kann man doch einfach blau streichen. Kerstin ist gerade von Köln aus im Feierabendverkehr über zwei Stunden lang raus aufs Dorf gefahren und hat noch schnell im Baumarkt neben der Autobahn ein Gebinde blaue Farbe gekauft. »Los, lass uns das jetzt machen, morgen früh ist alles trocken, bis der Salon wieder aufmacht.« Mathilda sagt nichts. Sie ist die Jüngste. Sollen die Großen mal machen. Damit ist sie ein Leben lang ganz gut gefahren.

»Und plötzlich«, sagt Kerstin, »habe ich mich wieder so klein gefühlt wie mit zwölf. Ich war sauer auf Iris, die Besserwisserin und Perfektionistin. Und sauer auf Mathilda, die immer wartet, bis ihr alles auf dem Tablett serviert wird.« In dem Moment, sagt Kerstin, habe sie verstanden: Die wollen nicht so wie ich. Und: Wir schaffen das nicht zu dritt. Obwohl wir uns das so sehr vorgenommen haben: Den Salon Gabi, das Lebenswerk ihrer Mutter retten.

Der Friseursalon, sagt Kerstin, stand bei Mutti immer an erster Stelle. »Erstens: der Laden. Zweitens: das Rauchen. Drittens: wir Kinder.« Ein bis zwei Schachteln »Lord Extra« raucht Gabi am Tag. Als Kerstin auf die Welt kommt, mit einem Köpfchen so klein wie ein Elstar-Apfel, sagen die Eifelbauern: Die Kerstin, die hat die Gabi kleingeraucht.

Alle drei Töchter sind nicht das, was man heute Kinder der Liebe nennen würde, für die Friseurmeisterin sind sie eher – passiert. Das erste Kind, Iris, 1961, ein Verhütungsunfall. Das zweite Kind, Kerstin, 1962 schnell hinterhergeschoben, weil der Vater nebenher noch ein Kuckuckskind gemacht hat mit einer anderen Frau. Kerstin sieht das ganz pragmatisch: »Mich hat sie schnell bekommen, damit Papa bei uns bleibt.«

Das dritte Kind, Mathilda, kam 1972. Zehn Jahre später, gänzlich ungewollt. Mutter Gabi ist es peinlich, dass ihr, der selbstständigen Friseurmeisterin, die alles im Griff hat, das passieren musste. Sie versteckt den Schwangerenbauch bis zum sechsten Monat unter dem weiten Friseurkittel und sagt niemandem etwas. Sie steht im Laden, bis ihr die Fruchtblase platzt. Und schon bald danach ist sie wieder im Salon. Stillen ist keine Option. Man ahnt, warum eine Tochter später Hebamme wird.

Für Kerstin beginnt, wie sie sagt, eine »neue Daseinsberechtigung: Ich wurde zur Mutti.« Die große Schwester, die als Einzige in der Familie in die Großstadt auf die Realschule darf, verstreut ihre Nachmittage mit anderen Teenies. Die Eltern arbeiten. Mutti im Laden, Vati auf dem Bau. Also übernimmt Kerstin den Betreuungsjob für das Baby. Die süße Mathilda wird in einen Stubenwagen gelegt und in Kerstins Zimmer geschoben. Kerstin wird dabei immer dicker, mit zwölf schickt man sie in eine Kur zum Abnehmen. Mit wenig Erfolg.

Wer Kerstin heute gegenübersitzt, kann sich das kaum vorstellen. Eine durchtrainierte, schlanke Frau, sie hat mit fünfzig noch ein Studium der Hebammenwissenschaft durchgezogen, hat eine Elternschule gegründet und managt eine große Neugeborenenabteilung im Krankenhaus.

Doch als Kerstin von der Betreuung der kleinen Babyschwester erzählt, damals in den 70ern, fängt sie plötzlich an zu weinen. Sie erzählt von diesem Nachmittag im Freibad. Wie immer schiebt sie den Kinderwagen vor sich her, sie will endlich schwimmen lernen. Sie ist ja jetzt schon zwölf und sie will unbedingt dünner werden. Schwimmen könnte helfen. Kerstin stellt den Kinderwagen mit der kleinen Schwester dicht an den Beckenrand und versucht sich selbst, ohne jede Hilfe, das Brustschwimmen beizubringen. »Was da alles hätte passieren können!«, sagt sie heute. »Es war die totale Überforderung.«

Warum fängt die taffe, coole Kerstin in ihrer frisch renovierten Küche jetzt plötzlich an zu weinen? Ich bin betroffen, bis jetzt hatte sie zügig und witzig erzählt, nun müssen wir eine Pause einlegen. Ich spüre: Diese Angst, der kleinen Mathilda hätte etwas passieren können, diese Angst, als große Schwester zu versagen – sie sitzt ganz tief.

Kerstin beruhigt sich jedoch schnell, kocht einen neuen Kaffee und erzählt weiter. Alles ist gut gegangen, der Kinderwagen ist damals nicht ins Becken gerollt. Aber die Angst, auf die Kleine nicht richtig aufgepasst zu haben, sie sitzt tief bei Kerstin. Die große Schwester hingegen, so erinnert sie sich, hatte »ein chilliges Leben«. Leichtathletik, Partys, Volleyball, Abitur. Stipendium in Italien. Für Kerstin ist nur die Hauptschule vorgesehen – und eine Friseurlehre.

Als die große Schwester ihr Abitur feiert, macht Kerstin gerade den Gesellinnenbrief. Und verliebt sich mit fünfzehn in einen Freund, mit dem sie in Mainz zusammenziehen und dort den Realschulabschluss nachmachen will. Die Familie tobt. »Wilde Ehe!« und überhaupt, was sind das für Flausen mit der Schule. Geld könnte sie doch jetzt verdienen und später den Laden übernehmen. Aber Kerstin behauptet sich, bewirbt sich an der Hebammenschule und zieht schließlich nach Köln, heiratet ihren Liebsten und bekommt zwei Kinder.

Im Eifeldorf wächst indessen der Salon. Mutti hat jetzt vier Friseurmeisterinnen und zwei Auszubildende. Das Nesthäkchen Mathilda rutscht im Salon von Schoß zu Schoß, oft kriegt sie auch ein, zwei Mark zugesteckt von den Kundinnen. Da die Ersatzmutti Kerstin in der Großstadt ist, muss die Mutter den Haushalt neben dem Laden alleine stemmen. Sie steht morgens auf und kocht in der »Gabihölle«, so nennen alle die verrauchte Küche, eine Kanne Kaffee und raucht eine halbe Schachtel Lord Extra. Geht in den Laden, dreht Lockenwickler ein, Treppe hoch, setzt Kartoffeln auf, Treppe runter, gießt Dauerwellenchemie auf die Lockenwickler, Treppe hoch, gießt die Kartoffeln ab. Eine unglaublich robuste Frau, so sehen das die Töchter.

Als schließlich auch Mathilda erwachsen ist und aus dem Haus geht, bricht Friseurmeisterin Gabi zum ersten Mal zusammen. Zu viel Bier und Zigaretten, so denkt man im Dorf. Aber es ist mehr als das. Gabi nimmt seit Jahren Psychopharmaka. Zahlt hier zehn Mark Praxisgebühr für ein Rezept und dort auch. Der Notarzt, der sie in die Klinik schickt, findet in der Küchenschublade so viele Pillen, dass er sagt: »Damit kann ich das ganze Dorf schlafen legen.«

Das Bild von der starken Mutter bekommt Risse. Offenbar hat sie das Doppelprogramm Arbeit und Kinder über all die Jahre nur mit der chemischen Keule durchgehalten, die seinerzeit vielen Frauen bedenkenlos verschrieben wurde. Selbst die Rolling Stones singen seinerzeit von »Mothers Little Helper«: »And though she's not really ill / There's a little yellow pill / She goes running for the shelter / Of her ›mother's little helper‹«

Gabi kommt wieder auf die Beine, gibt ein bisschen Verantwortung ab an die Meisterinnen, aber ist noch immer die Chefin. Die Töchter kommen am Wochenende, bekommen immer ein Pfund Kaffee geschenkt, ein Päckchen Persil und eine Stange Zigaretten. Aber sie fahren wieder weg in ihre eigenen Leben, keine von ihnen wird Friseurin. 2015 stirbt der Vater. Nach gerade einmal zwei Wochen hat Gabi seine Kleider weggeräumt. Sie behält weiter alles im Griff.

Kurz darauf, es ist Weiberfastnacht in Köln, ruft Kerstin wie immer die Mutter an, um ihr »dat Trömmelche« per Handy durchzugeben, die höchstoffizielle Hymne zu Beginn der Karnevalstage am Rhein: »Denn wenn et Trömmelche jeht / Dann stonn mer all parat...« Die Mutter sagt kurz und klar: »Das ist mein letztes Trömmelche.« Sie ist krank, sehr krank. Kerstin ruft die Schwestern zusammen, eine schafft es nicht mehr rechtzeitig, die Mutti ist in nur wenigen Tagen an Lungenkrebs gestorben. Zum ersten Mal in fünfzig Jahren bleibt der Laden geschlossen – selbst an Papas Beerdigung war er offen geblieben. Gabi wird in einer Glitzerurne bestattet, das ganze Dorf ist gekommen.

Jetzt müssen wir noch eine Gesprächspause einlegen, weil Kerstin die Tränen kommen. Sie war am dichtesten dabei beim Sterben. Und sie trauert auch heute noch um diese starke Mutter. Deshalb haben sich die Töchter die Frage nicht leicht gemacht: Was soll jetzt aus dem Laden werden? Die Friseurinnen alle über fünfzig, die Kundschaft teils weit über sechzig.

Die Schwestern hängen zunächst ein großes Foto von der Mutter in den Laden und gründen eine GbR. Es soll ja weitergehen. Das Bild hängen sie so auf, dass man es von allen Frisiersesseln aus sieht. »So als ob«, sagt Kerstin, »die Chefin einfach weitermacht.«

Aber schon bald zeigt sich, dass die Schwestern in ihre alten Rollen zurückfallen. Kerstin, die Macherin, die im Leben ein Projekt nach dem anderen entwickelt hat, entwirft sofort ein Konzept für den Laden: Man müsste renovieren, ohne den 70er-Jahre-Charme zu zerstören, man könnte das Personal etwas reduzieren, die Buchhaltung digitalisieren. Iris will am liebsten gar nichts verändern. Der Laden soll so bleiben, wie er war, ein soziales Projekt. Iris ist im Leben auch die Bedächtige, in ihrer eigenen Wohnung stehen seit Jahren noch die Kisten vom letzten Umzug, die immer noch nicht ausgepackt sind. Sie ist Restaurationstechnikerin, sie will alles entweder perfekt machen oder gar nicht. Und Mathilda – so erinnert sich Kerstin –, »die saß da und hat gewartet, bis ihr die Großen sagen, wo es langgeht.«

Es läuft erst einmal leidlich gut. Eine der Meisterinnen macht den »Kopf der Bande« und führt die Friseurinnen. Die drei Schwestern sind gleichberechtigte Chefinnen, fahren abwechselnd am Wochenende hin. Aber die Konflikte spitzen sich zu. Renovieren oder nicht? Modernisieren oder so stehen lassen? Bis zu dem Abend mit dem Regalbrett.

Kerstin erinnert sich: »Ich bin dann raus in den Garten. Ich fühlte mich total alleingelassen. Warum lassen die mich im Regen stehen, obwohl ich hier die Aktive bin?« Sie versteht: So geht es nicht weiter. Schon seit einigen Wochen spielt ihr Blutdruck verrückt, die Fahrten von Köln raus in die Eifel fallen ihr immer schwerer.

Das ist der Moment, in dem die drei verstehen: Wenn wir als Geschwister hier heil rauskommen wollen, brauchen wir dringend Hilfe. Sie suchen sich eine Mediatorin, mit der sie zunächst gemeinsam auf die Kindheit schauen, die nicht nur aus einer taffen Mutter und einem lieben Vater bestand. Sondern in der sie als Kinder oft nicht gesehen wurden und an dritter Stelle standen. Nach dem Salon. Und den Zigaretten. Sie wollen die Lebensleistung der Mutter nicht wegwischen – aber sie wollen es besser machen. »Ich engagiere mich jetzt mehr für Mamas Erbe als Mama sich jemals für mich«, sagt Kerstin. »Aber es fühlt sich trotzdem richtig an.«

Ein Finanzberater wird hinzugezogen und am Ende steht eine weise Entscheidung: Iris, deren Antiquitätengeschäft nicht mehr gut läuft, zieht zurück ins Haus. Sie wird alleinige Chefin der Friseurinnen, von denen eine die fachliche Leitung hat, sie vermietet die zweite Wohnung im Haus, und sie bezahlt damit ihre beiden jüngeren Schwestern aus, mit einem vernünftigen und langfristigen Finanzplan. »Iris macht den Job weit besser als wir drei zusammen«, sagt Kerstin. »Sie mit ihrer akkuraten Millimeter-Art und ich mit meinem Zupacken – das wäre nie und nimmer gut gegangen.« Was für eine weise, erwachsene Entscheidung.

Als ich mich von Kerstin in ihrer schicken Kölner Loftwohnung verabschiede, sind fast vier Stunden vergangen. Wir haben geweint und gelacht, der Salon Gabi war noch einmal sehr lebendig. Ich kam mir vor wie in einer Vorabendserie. Zum Schluss zeigt sie mir noch Fotos vom letzten Weihnachtsfest. Die drei Schwestern haben mit allen Kindern ein Krimidinner veranstaltet. Mit Netzstrümpfen und Hut. Natürlich im Elternhaus.

»Ich bin so dankbar, dass wir unser Elternhaus erhalten konnten«, sagt Kerstin. Sie trägt beim Krimidinner hochtoupierte Haare, es ist sehr viel Wella-Haarspray im Einsatz. Drei-Wetter-Taft. »Gabi-Frisur«, grinst sie. Aber ohne Zigaretten, sie hat das Rauchen längst aufgegeben. Und mir zeigt das: Klar kann man raus aus seiner Rolle. Wie schön, dass bei diesem Krimi alle überlebt haben.

Streiten, Auseinandersetzen und Versöhnen

Wie aus Gezwisterliebe echte Geschwisterliebe werden kann

»Ich dachte, der ist in einer anderen Familie aufgewachsen!« Eine energiegeladene Mittfünfzigerin meldet sich mit diesem Satz bei einer meiner Lesungen zu Wort. Wir sind am Bodensee, im Graf-Zeppelin-Haus in Friedrichshafen, nahe dem Elternhaus, um das es in meinem letzten Buch ging. Gerade einmal zwanzig Kilometer trennen die Lesungslocation von meinem ehemaligen Zuhause. Selbst die ehemalige Sekretärin meines längst verstorbenen Vaters ist gekommen, uns beiden stehen die Tränen in den Augen. Vielleicht ist der Abend deshalb besonders emotional, fast alle Gäste teilen kleine persönliche Geschichten über ihren Abschied vom Elternhaus.

Die Dame, die sich jetzt zu Wort meldet, erzählt, wie sie nach dem Ausräumen des Elternhauses zum ersten Mal ihren Bruder besuchte und dort zwei Dinge wiederfand: »Die hässlichste Blumenvase meiner Mutter. Und ein Spätzlesieb, bei dem die

Löcher schon ausgefranst waren. Das hat der bei sich an die Wand gehängt! Dabei weiß jeder, dass meine Mutter wirklich keine gute Köchin war!«

Es wurde herzlich gelacht im Saal. Leider war der Bruder an dem Abend nicht dabei. Man hätte zu gern gewusst: Schmeckten die Spätzle, auch wenn die strenge Schwester sie kulinarisch suboptimal fand, für den Bruder hingegen nach mütterlicher Wärme und Fürsorge? Oder sah er vielmehr die zu großen Löcher im Sieb? Ist auch bei der elterlichen Versorgung vieles einfach durchgerutscht? Konnte die verstorbene Mutter dafür vielleicht besonders schöne bunte Blumen ins Leben der Familie bringen? Wie schön, wenn man lachen kann in diesem Moment, wenn einem klar wird: Hui, wir haben ganz schön unterschiedliche Familien erlebt.

Leider herrscht unter erwachsenen Geschwistern nicht immer so viel Heiterkeit. Oft ist es Enttäuschung, dass man mit der Schule oder bei der Enkelbetreuung und schließlich beim Erbe zu kurz kam. Und war das nicht immer so? Hat der große Bruder nicht immer schon das größte Stück vom Sonntagsbraten bekommen?

Oder es herrscht Wut, dass die Schwester in ihrer alten Rolle verharrt. Immer noch ist sie die Schlaubergerin, die schon in der Schule die Lehrer besser beeindrucken konnte! Das macht sie jetzt leider auch vor dem Pflegedienst der Mutter. Oder es kommt zu Kränkungen, weil der oder die andere nicht sieht, wie viel man geleistet hat die letzten Jahre. Die Anlässe, sich mit seinen Geschwistern zu zerstreiten, sind leider zahllos.

Geschwisterkonflikte gehen eigentlich immer direkt in die Magengrube. In diesem Buch habe ich an vielen Stellen versucht, Wege aufzuzeigen, wie man sich auch in scheinbar ausweglosen Situationen mit seinen Geschwistern versöhnen kann. Und damit auch der nächsten Generation, unseren Kindern, Nichten und Neffen mit auf den Weg geben: Wir sind verschieden, wir haben unterschiedliche Seiten unserer Eltern übernommen und unsere Erinnerungen unterscheiden sich sehr. Aber es gibt ein Band, das uns verbindet:

Wir haben womöglich dieselben Lieder gehört beim Einschlafen, wir haben aus denselben Tassen getrunken und sind denselben Sonntagsspazierweg miteinander gegangen. Und war es nicht gut, dass wir nicht allein waren, damals, als Vater seine kruden Parolen auspackte vor der Tagesschau? Und wir haben es doch genossen, wenn wir heimlich zusammen Fernsehen guckten, während die Eltern abends noch mal zum Tanzkurs loszogen. Lass uns diese guten Erinnerungen wachhalten. Wir sind Geschwister, wir halten zusammen. Blut ist dicker als Wasser.

Denn das ist ja klar: Geschwister, die jetzt zusammenhalten, haben es leichter, die vielen Aufgaben zu bewältigen, die für unsere Generation in den nächsten Jahren anstehen: Die Sorge um die alten Eltern, das Aushandeln von Betreuung und Pflege und eines Tages dann auch die Beerdigung. Die Entscheidung, was mit dem Elternhaus passiert. Der Abschied vom Berufsleben. Der Auszug der eigenen Kinder – und damit unweigerlich eine neue Lebensphase.

Jetzt ist für viele von uns Zeit zu überlegen, was der rote Faden in unserem Leben ist. Und dabei hilft es in meinen Augen sehr, sich mit den eigenen Geschwistern zu befassen. Wo kommen wir her? Was hat uns geprägt? Wer will ich sein auf dieser Welt? Welche Rolle hatte ich in der Geschwisterreihe und was habe ich daraus gemacht? Und was soll auch in der nächsten Generation von mir bleiben? Was will ich weitergeben?

Wie schön, wenn man sich diese Fragen in Ruhe und Frieden stellen kann. Wenn man seine Geschwister trifft und miteinander Zeit verbringt, Geschichten austauscht. Dann kann man es selbst gestalten. Wer seinen Geschwistern erst nach der Testamentseröffnung vor Gericht begegnet – viele sprechen dann sogar schon von »Ex-Geschwistern« –, bekommt zwar auch Antworten auf diese Fragen. Aber sie sind mit Sicherheit deutlich unangenehmer. »Ach, so wenig bin ich also wert?« Das ist die typische Kränkung von Geschwistern, die sich im Krieg befinden um ein Testament, ein Erbe. Nicht zufällig raten fast alle Experten – die, die in diesem Buch zu Wort kommen und auch die meisten, die nicht in diesem Buch zu

Wort kommen – dazu, sich zu treffen. Rechtzeitig. Analog. Mit Zeit. Zum Reden, Fragen stellen, Zuhören.

Denn eines eint die Generation der Babyboomer: Unsere Eltern haben fast alle nicht viel gesprochen. Schon gar nicht über ihre eigenen Traumata. Unsere Eltern waren oft schwer beschädigt, ob nun als Täter oder als Opfer. Anstatt ihre seelischen Verwerfungen zu bearbeiten, haben sie sich in den Aufbau des Wirtschaftswunderdeutschlands gestürzt, haben geschuftet und gehortet. Viele Tausend Gastarbeiter mussten zudem mit den Mühen der Migration, mit Ausgrenzung und Diskriminierung fertigwerden. Auch sie haben sich bisweilen hinter ihren Kofferwänden aus Sehnsüchten und Enttäuschungen verschanzt.

Für uns Kinder blieb bei alldem oft nicht so viel Liebe übrig und die mussten wir uns auch noch mit vielen Geschwistern teilen. Wir sind viele, wir kamen ungeplant. Um Gefühle wurde nicht viel Aufhebens gemacht. Wer von Psychotherapie sprach, stand für die Generation unserer Eltern schnell im Verdacht, in die Psychiatrie eingewiesen werden zu müssen.

Das können wir besser. Wir und unsere Geschwister haben oft Berufe ergriffen, in denen nicht nur viel Geld verdient werden kann, sondern das Reden besonders wichtig ist. Wir suchen nach Sinn. Und wenn wir nicht weiterwissen, ist Coaching oder Therapie für uns verhältnismäßig leicht zu organisieren. Wir müssen nicht weiterschweigen.

Was kann nun konkret helfen, wenn das Einmachglas mit den alten Geschichten einmal geöffnet ist? Dieses Buch ist kein Ratgeber, soll es auch nicht sein. Und ich bin keine Psychotherapeutin, will es nicht sein. Aber ein paar Dinge habe ich aus den vielen Treffen mit Geschwistern und Expertinnen und Experten verstanden:

1. **Wir können uns aus der alten Geschwisterrolle lösen.** Niemand ist ein Leben lang Opfer seiner Familie. Die wichtigste Frage ist immer: Wie geht es weiter? Aber dafür muss ich erst mal verstehen, wie mich die Geschwister geprägt haben. So wie Benjamin, der sagt: »Weil meine beiden Brüder mit ihrem Dauerstreit immer im Fokus standen, war ich nicht wichtig. Aber als ich später eine Kammer am Landgericht leiten wollte, musste ich mir das richtig erarbeiten: Es ist *jetzt* wichtig, was ich sage.« So geht gesunde Geschwisterverarbeitung.

2. **Erklären, nicht entschuldigen.** Ich habe in diesem Buch immer wieder zwischen den Zeilen versucht, den Zeitgeist der 60er und 70er Jahre aufleben zu lassen, nicht weil Prilblumen wieder hip sind und Ahoi-Brause ein unerklärliches Revival feiert. Sondern weil es hilft zu verstehen, warum die Eltern die einen (meist die Brüder) aufs Gymnasium geschickt haben und die anderen (meist die Schwestern) an die Realschule. Das muss niemand entschuldigen. Das war ungerecht. Und das bleibt es auch. Aber man kann es erklären. Und versuchen zu verstehen.

3. **Nicht jede Einladung annehmen.** Wer jedes Mal ausflippt, wenn die Schwester ihre Piepsstimme anstellt, reagiert wie ein pawlowscher Hund. »Das triggert mich« ist heute ein Modesatz, der aus der Therapieszene ins normale Leben eingewandert ist. Aber wir sind keine pawlowschen Hunde. Es kann sehr helfen, sich zu sagen: Okay, diese Stimmlage lädt mich jetzt wieder ein, auszuflippen. Aber auf diese Einladung habe ich gar keine Lust heute. Ich lehne sie dankend ab. Ein berühmtes Zitat des berühmten Neurologen und Psychiaters Viktor Frankl bringt es auf den Punkt: »Zwischen Reiz und Reaktion liegt ein Raum. In diesem Raum liegt unsere Macht zur Wahl unserer Reaktion. In unserer Reaktion liegen unsere Entwicklung und unsere Freiheit.«
4. **Die Geschwister regelmäßig treffen.** Wer in Ruhe auf das Familienleben schaut, wird Seiten der gemeinsamen Eltern kennenlernen, die man selbst irgendwann verdrängt hat. Oder gar nicht wahrnehmen konnte. Unser Gedächtnis ist adaptiv, es spült manchmal nur diejenigen Teile unserer Erinnerungen nach vorne, die gerade vermeintlich relevant sind. Und: Unser Gehirn schmückt unsere Erinnerungen aus, verändert sie sogar so weit, sodass sie zu unserem aktuellen Leben und unserer Selbstsicht passen. Je mehr Augen auf die eigene Kindheit gerichtet sind, desto bunter und klarer wird sie. Und desto eher kann man sich damit versöhnen.
5. **Großzügigkeit und Milde helfen ungemein.** Auch wenn fast alle Eltern behaupten, sie seien »total gerecht« mit ihren Kindern – und das hätten sie auch von ihren Eltern so er-

fahren –, es stimmt nicht. Gerechtigkeit gibt es nicht unter Geschwistern. Darin sind sich alle Forscher einig. Weil jedes Kind etwas anderes braucht. Weil sich unsere Leben immer anders entwickeln, als eine sture Buchhalterei es vorsieht oder abbilden kann. Am besten, man findet sich damit ab: Es gibt keine universelle Gerechtigkeit.

6. **Jede und jeder in unserer Familie hatte die gleichen Eltern – und doch andere.** Wir sind früher oder später geboren als die Geschwister, die Eltern waren entweder noch unerfahren oder hatten bereits Erfahrungen gesammelt, und auch die Zeitläufte waren andere. Wir verbinden jeder und jede für sich mit den gemeinsamen Eltern unterschiedliches Glück, unterschiedliche Trauer, unterschiedliche Schuld. Drum müssen wir heute nicht darum ringen, wer sie besser deutet oder wer mehr mit ihnen durchlebt hat. Wir können uns aussöhnen mit unserem ganz eigenen Teil der Familiengeschichte.

Wir haben gesehen, dass die bisherige Forschung zu Geschwistern in mehreren Wellen verlief – und in Wahrheit ganz wenige gesicherte Daten hervorgebracht hat. Das ist auch gar nicht schlimm, denn das Leben ist kein Versuchslabor. Wir haben es selbst in der Hand, es gut zu gestalten. Nachdem das Thema Geschwister zunächst, nach Freud, gar keine Rolle spielte, gab es in den 80er Jahren die Vorstellung, alles hänge davon ob, wo man in der Geschwisterreihe steht. Der erstgeborene Chef, die jüngere Rebellin.

Die Wahrheit liegt in der Mitte: Geschwister sind wichtig, oft sogar wichtiger als Mutter oder Vater. Das Schweigen unserer Elterngeneration, den Kriegskindern, wurde mittlerweile von unzähligen Autoren und Autorinnen beschrieben. Um es positiv zu formulieren: Unsere Generation schreibt, spricht, diskutiert, geht in Therapien. Viele von uns haben auf die eine oder andere Weise kompensiert, was bei den Eltern gefehlt hat. Viele von uns, aber natürlich immer noch zu wenige, schauen auf unsere Gefühle – und damit gleichen wir auch für unsere Schwester, unseren Bruder einiges aus, was unsere Eltern nicht geschafft haben.

Und doch: Geschwister sind nicht alles. Es ist gut zu wissen, dass Nesthäkchen dazu neigen, einfach so lange zu quengeln, bis die älteren Geschwister anstehende Probleme regeln. Aber niemand muss deshalb ein Leben lang das Nesthäkchen bleiben. Und Erstgeborene können immer Chefs bleiben, wenn ihnen das Freude macht. Aber vielleicht überlassen sie auch ganz gerne mal den anderen die Führung?

Es ist gut, sich darüber klar zu werden, wo man steht. Und dann zu schauen, was man daraus machen kann. So kann es gehen, ein gelungenes Leben.

Geschwisterliebe.
Versuch einer Gebrauchsanleitung

Ich habe bei meinem Buch zum Thema Ausräumen des Elternhauses die Erfahrung gemacht, dass ich immer wieder auf die Hinweise und Tipps am Ende des Buchs angesprochen wurde. Offenbar hat diese lose Sammlung von Ideen, die mir beim Schreiben kam und die sich nicht in ein ausformuliertes Kapitel bringen lassen wollte, bei vielen innere Türen geöffnet, durch die sie dann ganz real alte Dinge loswerden konnten. Ich möchte das auch hier versuchen. Nicht für jeden sind die Antworten auf diese häufig gestellten Fragen die richtigen. Für ausführlichen Rat zu psychologischen Fragen und einer Einordnung der individuellen Situation, auch zu mehreren, empfehle ich den Weg zu einer Fachfrau oder einem Fachmann.

Wir Geschwister möchten mit unseren Eltern eine Patientenverfügung aufsetzen, wie gehen wir das an?
Herzlichen Glückwunsch! Viel zu viele Menschen drücken sich um das Thema, dabei werden wir alle irgendwann von

dieser Erde gehen. Kristjan Diehl, Vorsorgeberater bei der Deutschen Stiftung Patientenschutz, sagt: »Ohne Kommunikation geht es nicht.« Also: Gut, wenn Geschwister darüber reden, wie die Vollmachten für die alten Eltern gestaltet werden sollen.

Häufigster Fehler, so die Erfahrung des Patientenschützers: Es wird nur ein Kind bevollmächtigt – vielleicht der älteste Sohn oder die Tochter, die nahe dran wohnt. »Und was ist, wenn der gerade selber krank oder verreist ist?« Also: Auf jeden Fall Vollmachten nutzen, bei denen mehr als eine Vertrauensperson benannt werden kann.

Zudem erlebt Diehl in seiner Beratung häufig, dass Geschwister, die nicht in den Verfügungen vorkommen, sich verletzt fühlen. »Und dann helfen diese Geschwister schlimmstenfalls auch nicht mit bei der Pflege«, so Diehl. Da werde schon mal »die ganze Biografie reinprojiziert in die Frage, ob 1000 Euro für einen Rollstuhl zu teuer sind oder nicht.«

Der Experte empfiehlt, bei Vorsorgevollmachten und Patientenverfügungen alle Geschwister einzubeziehen. Die Deutsche Stiftung Patientenschutz bietet an, bestehende Vollmachten und Patientenverfügungen zu checken. Und es gilt, was bei allen Verfügungen fürs Lebensende gilt, ob Testament oder Patientenverfügung: Prüfen Sie alle paar Jahre, ob es noch so passt und stimmt für alle Beteiligten.

Ich mag meine Schwester, aber mein Schwager ist die Pest. Was tun?

Diese Situation gibt es ganz schön oft. Befinden sich Geschwister ohnehin schon im Konflikt, wird dieser häufig von Schwägern und Schwägerinnen befeuert, hat Geschwisterexperte Jürg Frick beobachtet. Und auch der Sozialpsychologe Kai Jonas, der Geschwister in Erbschaftskonfliktsituationen berät, hat die Erfahrung gemacht, dass Frauen öfter auf Konsens aus sind, Männer insgesamt öfter den Konflikt suchen. Und das seien leider oft die angeheirateten Partnerinnen und Partner, die aus ihrer Aktentasche, die noch vom Berufsleben übrig geblieben ist, fertig vorbereitete Papiere zücken – und nicht so sehr auf Konsens, sondern auf Konflikt gebürstet sind. Für die jeweiligen Partner kann das schwierig werden, vor allem, wenn sie sich selber im Leben wenig um Finanzen gekümmert haben.

In der Psychologie nennt man das »Extradyaden«. Eine Dyade ist eine Zweierbeziehung. Im konkreten Fall kann das heißen: Ihre Schwester hat eine Dyade mit Ihnen, sie will sich eigentlich mit Ihnen einigen. Sie hat aber auch eine Dyade mit ihrem Ehemann, sie will die Ehe nicht gefährden. Es kann helfen, sich diesen Loyalitätskonflikt bewusst zu machen. Denn es ist ja wirklich ein Dilemma.

Man kann es zumindest versuchen und sich als Familie die Regel verordnen: Bei Dingen, die meine Eltern angehen, hältst du dich raus, die bespreche ich lieber mit meinen Geschwistern. Und du mit deinen. Wenn das nicht funktioniert und die Schwägerinnen und Schwäger sich dennoch einmischen, braucht man letztlich vermutlich eine Mediation.

Wir werden uns nicht einig übers Erbe, aber richtig streiten wollen wir auch nicht.
Die Eltern sind gestorben, die Trauer ist groß. Man hat gar keine Kraft, sich um so unangenehme Fragen zu kümmern wie: das Geld auf dem Konto – steht das jetzt der Tochter zu, die sich um die demente Mutter gekümmert hat? Wie viele Euro ist es wert, dass der Schwiegersohn immer den Rasen gemäht hat? Und die Enkel – die könnten doch auch was brauchen! Von den Grundstücken, die Opa hinterlassen hat mal ganz zu schweigen. Man müsste sie schätzen lassen, verpachten, verkaufen, zum Notar gehen …

Man könnte es so machen wie die Familie von Johann, einem meiner Gesprächspartner: Seine Großeltern hinterließen ihren beiden Töchtern mehrere kleine Flurstücke mit Obstwiesen nah an den Gleisen. Und einen soliden Geldbetrag auf einem Sparkonto. Niemand hatte die Kraft, sich direkt nach dem Tod um gerechtes Erben zu kümmern. Also wurde von den beiden Schwestern, Johanns Mutter und seiner Tante, kurzerhand beschlossen: Die Grundstücke bleiben zunächst unangetastet, wurden verpachtet. Und das Konto wird zu einem Familienkonto, von dem einmal im Jahr ein Treffen in einem schönen Gasthof am Bodensee finanziert wird: Übernachtung und Essen für inzwischen gut zwanzig Menschen. Ehepartner, Kinder, Neffen, Nichten, Enkelinnen und Enkel. Tendenz steigend.

Johann erzählt: »Unsere Treffen beginnen jedes Mal mit einem großen Hallo, einer Runde Eis und kalten Getränken auf der Terrasse mit Blick auf den See und vor dem Abendessen dann einem Toast auf die Verstorbenen. Dann, drei Tage lang: wandern, über Bäche hüpfen, Berge hochklettern, im See schwimmen, erzählen, auch mal Champions League gucken und ein paar Bier zusammen trinken. Auch mal kabbeln. Das gehört dazu.«

Seit neun Jahren macht die Familie diese Treffen, der Termin wird von einem Jahr gleich aufs andere festgelegt, damit man im Voraus weiß, welches Wochenende geblockt sein muss. Selbst während Corona gab es keine Pause. Niemand will das Wochenende verpassen, alle mögen sich. Und ganz allmählich, sagt Johann, fühlen sich auch die beiden Schwestern, die für diese schöne Idee verantwortlich sind, in der Lage, die Aufgaben zu erledigen, die liegen geblieben sind. Miteinander sprechen. Vielleicht Gerechtigkeit herstellen. Viel leichter, seit alle sich regelmäßig auf neutralem Boden sehen.

Und wenn das vererbte Geld auf dem Familienkonto irgendwann aufgebraucht ist? »Dann werden wir sehen, wie es weitergeht«, sagt Johann. Er würde die schönen Tage am Bodensee auch aus eigener Tasche bezahlen. »Das ist mir die Familie wert.«

Meine Schwester wohnt näher bei meinen Eltern, sie übernimmt viel mehr Lasten als ich. Ich habe andauernd ein schlechtes Gewissen deswegen.

Das ist in den meisten Familien so: Komplette Gerechtigkeit gibt es auch beim Thema Pflege nicht. Vom schlechten Gewissen hat allerdings weder ihre Schwester noch ihre Mutter etwas. Wichtig ist, dass die Geschwister sich zusammensetzen und klären, wer was genau übernehmen kann. Dafür kann es auch einen finanziellen Ausgleich geben, entweder Pflegegeld der Krankenkasse oder einen regelmäßigen Betrag vom Konto der Eltern. Oder der anderen Geschwister. Wichtig ist: Wer weniger übernehmen kann – weil er oder sie weiter entfernt wohnt oder beruflich eingespannter ist –, sollte trotzdem nicht »raus« sein. Wichtige Entscheidungen sollten Geschwister weiterhin gemeinsam treffen, also zum Beispiel einen Umzug ins Pflegeheim, medizinische Behandlungen oder Kapitalanlagen oder den Verkauf von werthaltigen Gegenständen, Immobilien oder den Oldtimer, den der Vater zeitlebens gerne gepflegt, aber kaum gefahren hat.

Wir hatten eine schwere Kindheit, ich habe sie therapeutisch aufgearbeitet, aber meine Geschwister verweigern sich komplett allem, was nach »Psycho« klingt.
Die vielleicht wichtigste Erkenntnis ist: Sie können niemanden zu einer Psychotherapie zwingen. Bleiben Sie bei sich, gehen Sie Ihren Weg und wenn sich eine Gelegenheit ergibt, erzählen Sie den Geschwistern, was Sie – für sich – herausgefunden haben. Wie Sie das damals empfunden haben. Bleiben Sie bei klaren Ich-Botschaften, verfallen Sie nicht in Du- oder Ihr-Sätze, also in den Bereich der Vorwürfe. Oft hilft es, sich den

Kontext klarzumachen, in dem sich Ihre Geschwister befinden.

Wenn in Ihrer Therapie zum Thema wird, dass Sie sich benachteiligt gefühlt haben – der Bruder durfte Abi machen, Sie nicht – dann bedenken Sie, dass es in den 60er und 70er Jahren eine viel konservativere Rollenzuschreibung gab. Das müssen Sie nicht gut finden, aber Sie sollten verstehen, dass Ihre Eltern oft auch Kinder ihrer Zeit waren. Darüber zu reden – wie war Mama angezogen? Wie viel Arbeit brachte Papa abends nach Hause? – ist manchmal einfacher, als mit den Geschwistern gleich die ganz große Gerechtigkeitsfrage zu diskutieren.

Ich habe den Kontakt zu meinen Geschwistern abgebrochen. Jetzt ist doch gut, oder?
Auch das sollten Sie beherzigen: Es gibt keine Pflicht zur Versöhnung. Wenn Sie sich von Ihren Geschwistern »scheiden« lassen wollen, kann Ihnen das niemand verbieten. Es gibt sicher Fälle – zum Beispiel sexuellen Missbrauch oder Gewalt –, in denen ein Kontaktabbruch der einzig richtige Weg ist. Der Geschwisterexperte Jürg Frick gibt zu bedenken: Geschwisterbeziehungen sind Primärbeziehungen, man kann sie im tiefsten Inneren nicht auflösen. Sie sind sogar neurobiologisch verinnerlicht. Auf gut Deutsch: Sie kommen da vermutlich nie ganz raus. Überlegen Sie also gut, ob Sie einen kompletten Kontaktabbruch wirklich wollen.

Und deshalb nun zuletzt, aber nicht abschließend, die Frage:

Meine Geschwister und ich haben uns gestritten, jetzt ist schon ziemlich lange Funkstille. Wie kann ich wieder auf sie zugehen?

Wie reicht man, so nennt es Jürg Frick, den Geschwistern den »Versöhnungsfinger«? Das hängt sicher davon ab, wie schwerwiegend der Streit und wie Ihre Geschwisterbeziehung vor dem Streit war. Wichtig ist: Egal wie Sie den Kontakt aufnehmen – verzichten Sie komplett auf Vorwürfe. Schuld oder Unschuld – das können Sie später klären. Versuchen Sie, Ihre Sicht der Dinge klarzumachen, vielleicht in einem Brief. »Ich habe das so erlebt…«, »… mir stellt sich das so dar.«

Eine gute Freundin von mir hatte ein Jahr lang keinen Kontakt zum älteren Bruder, weil sie beim Elternhaus-Ausräumen angeblich eine Lampe entsorgt hatte, an der ihr Bruder sehr hing. Sie ging es so an: »Lieber Hans, heute war ich auf Burg Rheinbreitbach. Weißt Du noch? Wie mir damals, es muss 1976 gewesen sein, mein Teddy den Berg hinunterfiel, und Du bist den ganzen Berg runtergeklettert, um ihn zu retten?« Erst im zweiten Absatz schrieb sie dann, dass die Funkstille sie belastet. Und dass sie doch gute Zeiten hatten miteinander – er möge sich doch mal melden.

Professor Frick sagt: Gut gemacht! Sprechen Sie eine Einladung aus! Aber haben Sie dann bitte auch Geduld. Denn Einladungen kann man eben auch ausschlagen. Schreiben Sie also nicht schon nach vier Wochen per WhatsApp oder Signal so etwas wie: »Ich bin sehr enttäuscht, dass Du nicht antwortest.« Versöhnung braucht vor allen Dingen Zeit. Schließlich hat sich ja auch die Verstimmung zwischen Ihnen und Ihren Geschwistern meist über lange Jahre aufgebaut, wurde von allen Seiten verschleppt, ignoriert und irgendwann hingenommen. Die gute Nachricht ist: Je älter wir werden, desto eher können wir relativieren. Die Chancen stehen ganz gut, dass Sie auf Ihre Einladung eine Antwort bekommen.

Dank

Ich erkenne das Lied schon an den ersten drei Takten. »Wenn der Sommer nicht mehr weit ist…« Konstantin Wecker hat es 1976 geschrieben. Meine Schwester hat es jetzt, im Spätsommer 2023, nach Köln zu meinem 60. Geburtstag mitgebracht. Von allen Gästen hatte ich mir ein Lied gewünscht, das ihr Leben geprägt hat. Und Biggi hat eben den Wecker mitgebracht.

»Und dann will ich, was ich tun will, endlich tun.
An Genuss bekommt man nämlich nie zu viel.«

Das passt zu meiner Schwester und mir. Nicht nur, weil wir zusammen bei mindestens fünf Wecker-Konzerten waren, zuletzt 2022 – da standen in der Schlange vor der Stuttgarter Liederhalle bereits die ersten Fans mit Rollator. Und Wecker, mittlerweile selbst Mitte siebzig, brauchte viele Pausen.

Aber das Lied singt er wie gestern. »Und dann will ich, was ich tun will, endlich tun…« – danke Biggi, dass du mir als große Schwester vorgelebt hast, dass wir unseren eigenen Weg gehen dürfen. Die Eltern lieben und achten wollen. Aber nicht alle Aufträge erfüllen müssen, die sie uns mitgegeben haben.

Der Dank für dieses Buch geht vor allem an viele, viele Geschwister, die mir ihr Herz und ihre Fotoalben geöffnet haben. Die sich, obwohl beruflich noch arg eingespannt, an Wochenenden mit mir an den Küchentisch gesetzt und erzählt, geweint, gelacht haben. Die, schon im Ruhestand, mühsam nach Terminen gesucht haben, an denen der eine nicht gerade segeln war und der andere nicht gerade bei einer Vereinssitzung saß. Die mir, obwohl bis aufs Blut zerstritten, zumindest einen Tipp gaben, wie ich den anderen Bruder auffinden könnte. Eine Handynummer? Nein, das wäre zu viel – aber vielen herzlichen Dank für die sehr erwachsene Einsicht: »Nicht nur meine Wahrheit gilt, der andere Bruder sieht es womöglich anders.«

Danke an meine Freundin Annette in Köln, die als Hebamme so viele Menschen kennt, dass sie alle paar Wochen fragte: Was brauchste noch? Nesthäkchen? Migrationshintergrund? Danke für deine zahlreichen Kontakte! Danke an Gunda in München, die einige ihrer Freundinnen persönlich überzeugte, mit mir zu sprechen. Danke an Annette in Berlin, die mit ihrem kleinen feinen Orlanda-Verlag die Welt bereist und doch eine beste Freundin vor der eigenen Haustür vermittelte.

So hatte ich bald ein ganzes dickes Notizbuch an Geschwistergeschichten vollgekritzelt – sie riefen nach Einordnung und

Analyse. Eng begleitet hat mich auf diesem Weg der erfahrene Familientherapeut Michael Bruckner. Ich durfte in seine Praxis nach Erftstadt kommen und meine Geschichten aufstellen mit großen Holzfiguren. Und dann saßen wir auf meinem Kölner Balkon und spannen gemeinsam Ideen, wie man ein Geschwistertreffen möglichst gut organisieren kann.

Wie sehr die Geschwisterforschung noch am Anfang steht, habe ich mir von ihrem wichtigsten deutschsprachigen Vertreter, Professor Jürg Frick, erklären lassen. Danke, lieber Herr Frick, dass Sie mich auch in die Fehde zwischen Freud und Adler eingeweiht haben. Und das Ganze am Ufer des schönen Zürichsees.

Professor Kai Jonas habe ich inmitten seiner jungen quirligen Psychologiestudierenden an der Uni Maastricht getroffen. Bei ihm bedanke ich mich auch für die Einsicht, dass Konflikte unter Geschwistern – zum Beispiel beim Erben – viele Überschneidungen und Gemeinsamkeiten mit Scheidungskonflikten haben.

Darum wundert es mich auch gar nicht, dass die erfahrene Kölner Anwältin Katharina Mosel sich mit beidem auskennt: mit Scheidung und mit Erben. Danke, Katharina, für deinen Riesenschatz an Erfahrungen und deine pragmatische Art, Lösungen zu finden.

Danke auch an meine Kinder und an meine Mutter. Es ist nicht ganz einfach, wenn eine aus der Familie ständig persönliche Geschichten zwischen zwei Buchdeckel packt. Ihr ertragt es mit Gleichmut – und du, liebe Mama, räumst auch schon mal den Büchertisch der örtlichen Buchhandlung um, damit die Bücher der Tochter besser zur Geltung kommen. Du hast uns zwei Töchter mit einem großen Herz und kiloweise Spätzle großgezogen. Und du bist eine wunderbare Oma für Leo und Oskar. Dass meine beiden Söhne und alle drei Kinder meines Mannes sich so gut verstehen, ist mein größtes Glück. Und dass der Mann an meiner Seite fast alles ironisch meint, nimmt jedem Thema seine Schärfe. Wunderte mich auch gar nicht, Matthias, dass du bei meinem 60. Geburtstag »Westerland« von den Ärzten mitgebracht hast. Punk, Ironie. Aber auch eine Erinnerung an Tanzpartys, die verdammt lange her sind. Ich finde übrigens richtig gut, dass du fast jeden Tag deine Schwester anrufst.

Ganz besonders bedanke ich mich bei Jacob Thomas, meinem Lektor. Jacob, du hast mit mir den roten Faden für dieses Buch gefunden. Und dafür bist du mit deinem klapprigen Feuerwehrbus Beppo extra an den Ammersee gekommen, wo ich mich zum Schreiben eingemietet hatte. Danke, du hast mich immer wieder gerettet mit Übersicht und Struktur. Und außerdem bist du ein echt netter Bruder, glaub' ich. Zumindest hast du mir viel erzählt von gemeinsamem Feiern, Essen und Trinken. An Genuss bekommt man nämlich nie zu viel.

Literaturempfehlungen

ZUM WEITERLESEN

<u>Schön und lehrreich</u>

Sisters & Brothers herausgegeben von Nicole Fritz / Kunsthalle Tübingen.
Verlag der Buchhandlung Walther und Franz König 2022
Wer die schöne Ausstellung in Tübingen oder Linz verpasst hat, kann in diesem Band blättern. Er lohnt sich allein wegen der sensationellen Fotoserie »The Brown Sisters« von Nicholas Nixon, der seit 1975 seine Frau und ihre drei Schwestern fotografiert. Bis heute. Die Fotos hängen (wenn sie nicht gerade ausgeliehen sind wie 2023 nach Tübingen und Linz) übrigens in der Pinakothek der Moderne in München. Neben einem Streifzug durch die Kunstgeschichte gibt es in diesem Ausstellungskatalog auch erhellende Kapitel über Märchen, über Klischees und über Popkultur.

Wer tiefer einsteigen will

Ich mag dich – du nervst mich! Geschwister und ihre Bedeutung für das Leben von Jürg Frick.
Hogrefe Verlag 2024
Für mich war dieses Buch der Einstieg ins Thema. Ich mochte bei dem Schweizer Jürg Frick von Anfang an seine gesunde Mischung aus Wissen (er gilt momentan als der führende Geschwisterexperte), Skepsis (es gibt keine einfachen Zusammenhänge zwischen Rangfolge und Charakter) und Optimismus: »Zur Zuversicht gibt's ja gar keine Alternative«, sagte er mir in Zürich. Frick ist in der Schweiz schließlich auch als Resilienzforscher bekannt. Man lernt alles über die Freud-Adler-Kontroverse – aber auch ganz praktisch: Welche Geschwisterkonstellationen gibt es? Was wirkt sich wie aus? Und wie geht Konfliktlösung?

Geschwister verstehen: Professionelle Begleitung von Kindern und Erwachsenen von Inés Brock-Harder.
Ernst-Reinhard-Verlag 2020
Ich hatte die Familientherapeutin aus Thüringen im Radio gehört und fand sie grundpositiv und zupackend. Sie betont in diesem Buch, welche Ressource Geschwister sein können – auch und gerade wenn das Verhältnis zu den Eltern nicht so gut ist. Das Buch eignet sich vor allem für die therapeutische Begleitung: für Sozialpädagoginnen und Psychotherapeuten. Brock-Harder kennt sich neben dem Geschwisterthema auch

noch aus mit Patchworkfamilien – man würde sich sofort in ihre Therapie begeben. Wenn Halle nicht so weit weg wäre.

Geschwister in der Bibel

Geschwister in der Bibel. Geschichten über Zwist und Liebe von Margot Käßmann.
Herder 2023
Margot Käßmann ist eine gute Freundin und das Buch ist genau wie die Verfasserin: Klartext, Kurzform, kundig. Wer die Geschichte von Isaak und Ismael oder von Lea und Rahel nicht mehr parat hat – hier gibt es zu jedem Geschwisterpaar fünf bis sechs Seiten, und schon ist man wieder drin in der biblischen Welt. Käßmann schreibt so, dass es auch Kirchenferne verstehen, und ihr Herz schlägt besonders für die Frauen. Die in der Bibel nicht immer so gut wegkommen. Bei ihr schon.

Geschwister und Migration

Kartonwand. Das Trauma der Arbeitsmigrant/innen am Beispiel meiner Familie von Fatih Çevikkollu.
Kiepenheuer & Witsch 2023
Für mich war dieses Buch ein echter Augenöffner. Ich wusste, dass in meiner biodeutschen Bubble viele Geschwister daran kauen, dass einer die Familiengeschichte erforschen will, die

anderen aber nichts davon wissen wollen. Ich hatte keine Ahnung – aber welche Ahnung haben wir schon von der Generation »Gastarbeiter« –, dass dies auch in türkischen Familien so sein kann. Fatih, heute als Comedian berühmt, kam 1969 nach Köln, als mittleres von drei Kindern. Vater Ford, Mutter Hilfsjobs. Die »Kofferkinder« wurden mehrfach zwischen Deutschland und der Türkei hin- und hergeschickt – was das mit den Geschwistern gemacht hat, aber auch mit den fleißigen und schlecht integrierten Eltern, ist traurig und aufschlussreich. Und nur Fatih will sich näher damit befassen.

Alles, was wir nicht erinnern. Zu Fuß auf dem Fluchtweg meines Vaters von Christiane Hoffmann.
C. H. Beck 2022
Die langjährige Spiegel-Reporterin (später wurde sie Regierungssprecherin) ist Tochter zweier Flüchtlinge: Vater aus Schlesien, Mutter aus Ostpreußen. Als Kind sitzt sie oft unterm Tisch, wenn die Verwandten von ihrer Flucht reden und noch viel mehr verschweigen. 2020 geht sie den Fluchtweg des Vaters nach, vom schlesischen Rosenthal nach Berlin. Geschrieben wie ein Road Movie, spannend und melancholisch. Der Bruder hat wenig Verständnis für die Osteuropamanie der Schwester. Schön, dass sie trotzdem drangeblieben ist am Thema.

Erben und vererben

Konfliktfrei vererben: Ein Ratgeber für eine verantwortungsbewusste Erbgestaltung von Kai und Hubertus Jonas.
manulit 2013
Auf dem Titelbild sitzt Kai Jonas, der Sozialpsychologe aus Maastricht, auf einem Stuhl. Sein Vater, der Unternehmensberater, steht hinter ihm. Dieser Spirit durchzieht das ganze Buch: Eltern sollen hinter ihren Kindern stehen, vernünftig zu Lebzeiten alles besprechen und friedlich weitergeben. In vielen Fallgeschichten wird erklärt, wie man Erbstreit verhindern kann. Und zwischen Tabellen und Listen gibt es nützliches Wissen aus der psychologischen Forschung.

Trauer um ein Geschwister

Meine Schwester von Bettina Flitner.
Kiepenheuer & Witsch 2022
Ich kenne Bettina Flitner, seit ich in den 90er Jahren bei der *Emma* gearbeitet habe. Sie ist eine sehr gute Fotografin und die Ehefrau von Alice Schwarzer. Vor einigen Jahren nahm sich ihre Schwester das Leben, wie 33 Jahre zuvor auch ihre Mutter. Ein verstörendes Buch über große Nähe, Konkurrenz zur schönen Schwester, aber auch schwesterlichen Zusammenhalt in einer vermeintlich libertären und doch spießig verlogenen Familie. Und ein rührendes Buch über Trauer.

Und dann: schöne Geschwisterromane

Es gibt Hunderte von Romanen, bei denen Geschwister die Hauptpersonen sind – klar: Zwist und Liebe sind die Zutaten für jede gute Geschichte. Hier sehr subjektiv meine ganz persönlichen Empfehlungen – es gäbe viele viele andere. Aber diese kann ich persönlich empfehlen.

***22 Bahnen* und *Windstärke 17* von Caroline Wahl.**
Dumont 2023 bzw. 2024
Die junge Autorin ist die Entdeckung des Buchmarktes – noch keine dreißig, schreibt sie so dicht, und beklemmend, dass sie monatelang auf der Bestsellerliste stand. *22 Bahnen* handelt von Tilda, die ihre kleine Schwester Ida beschützen muss, weil die Mutter als Alkoholikerin eine einzige Enttäuschung ist. Die Fortsetzung *Windstärke 17* – Tilda tritt aus dem Schatten der großen Schwester wird ähnlich erfolgreich werden. Ich durfte Caroline Wahl gerade interviewen und erfuhr: Auch sie möchte ihre kleine Schwester beschützen, die »Maus«. Perfekte Urlaubslektüre, auch gut in der Nähe von Wasser zu lesen.

***Geschwister im Gegenlicht* von Sabine Bode.**
Klett Cotta 2023
Wer in meinem Alter ist, hat garantiert eines der Sachbücher von Sabine Bode gelesen – über Kriegskinder oder über Kriegsenkel. Der einstigen WDR-Journalistin gelang es in den 90ern, das Unbehagen vieler Babyboomer in Worte zu fassen. Seit-

her gibt es im ganzen Land Kriegskindergruppen, es gibt Dutzende von Büchern dazu, zum Glück. Bode selbst schreibt nun Romane. Ähnlich wie *Windstärke 17* von Caroline Wahl spielt der Roman an der Ostsee, wo die kinderlose Sonja sich hingeflüchtet hat. Aber bald vom Bruder Rolf und dessen fröhlicher Tochter besucht wird. Und die haben die ganze verdrängte Familiengeschichte im Gepäck.

In welcher Sprache träume ich? Die Geschichte meiner Familie von Elena Lappin.
Kiepenheuer & Witsch 2017
Wer gerne rasante Biografien liest, sollte zu diesem Buch greifen: Lappin ist in Prag geboren, emigriert mit ihrer jüdischen Familie nach Hamburg, dann nach Israel und über die USA nach London. So viele Orte, so viele neue Sprachen – und so wunderbar geschrieben. Und immer reflektiert sie ihre Rolle als große Schwester von Maxim Biller.

Die Geschwister von Brigitte Reimann,
Aufbau 2023 (Neuauflage)
Einer der großen Romane der DDR-Literatur, 2023 neu aufgelegt – und von politischen Schönfärbereien befreit. Ostern 1961 erfährt Elisabeth, dass ihr über alles geliebter Bruder in den Westen gehen will, weil er in der DDR keine Zukunft sieht. Mich berührten die unterschiedlichen Blicke der beiden auf das DDR-Regime. Mir war zum Beispiel gar nicht klar, wie viel Kultur in den volkseigenen Betrieben der DDR gefördert

wurde. Beklemmend auch die schleichende Entfremdung, als Elisabeth den Bruder in Westberlin auf dem Ku'damm besucht. Große Literatur.

Das achte Leben (Für Brilka) von Nino Haratischwili.
Ullstein 2014
Eines der dicksten Bücher, die ich je gelesen habe, so schön geschrieben. Der Roman deckt ein ganzes Jahrhundert ab, beginnt im Zarenreich im georgischen Tiflis und endet in Berlin. Die beiden Schwestern Stasia und Christine, Töchter eines Chocolatiers, durchleben alle Höhen und Tiefen eines Frauenlebens.

Ursula Ott

Das Haus meiner Eltern hat viele Räume

Vom Ausräumen, Loslassen und Bewahren

192 Seiten, ISBN 978-3-442-77056-4

Das Elternhaus. Es ist zu groß geworden für die alten Eltern. Es steht vielleicht sogar weit weg vom Leben, Lieben und Arbeiten der Kinder, die in der Mitte des Lebens genug mit sich selbst zu tun haben – und jetzt doch entscheiden müssen:

Was machen wir mit dem Ort unserer Kindheit?
Wie verabschieden wir die Heimat in Würde?
Was hat für uns als Familie wirklich noch einen Wert?
Und was muss weg?

»Tolles Buch, sehr empfehlenswert.«
Markus Lanz

btb